나를 알수록 나의 길이 보인다

나를 알수록 나의 길이 보인다

초판 1쇄 인쇄 2022년 04월 20일
초판 2쇄 발행 2022년 12월 05일

지은이 고정욱

펴낸이 이상순 **주간** 서인찬 **영업지원** 권은희 **제작이사** 이상광

펴낸곳 (주)도서출판 아름다운사람들
주소 (10881) 경기도 파주시 회동길 103
대표전화 (031) 8074-0082 **팩스** (031) 955-1083
이메일 books777@naver.com **홈페이지** www.book114.kr

리듬문고는 (주)도서출판 아름다운사람들의 청소년 브랜드입니다.

ISBN 978-89-6513-766-5 43190

───────────

이 도서의 국립중앙도서관 출판예정도서목록(CIP)은 서지정보유통지원시스템 홈페이지(http://seoji.nl.go.kr)와
국가자료종합목록시스템(http://www.nl.go.kr/kolisnet)에서 이용하실 수 있습니다. (CIP제어번호 : CIP2019031562)

파본은 구입하신 서점에서 교환해 드립니다.

나를 알수록
나의 길이 보인다

고정욱 지음

리듬문고

오늘도 나를 연구한다

"선생님은 참 자기 관리 잘하시는 것 같아요."

내가 책도 제법 내고 강연도 엄청나게 다니며 사회활동을 많이 하자 가끔 주변 사람들이 나에게 하는 소리다. 그럴 때마다 해 주는 나의 대답은 이거다.

"아직 멀었어요. 지금도 실수하고 후회하고 바보 같았다고 자책하는 걸요."

주변을 살펴보면 문제를 일으키고, 망신을 당하고, 폐를 끼치는 사람들이 많다. 대부분 자기 자신의 역량과 능력, 그리고 꿈과 소명을 몰라서 그런 짓을 한다.

나도 수없이 많은 실패와 좌절과 변화를 통해서 나 자신의 입장과 처지와 능력을 알게 되었다. 그동안 겪었던 수많은 방황과 고통은 나를 잘 몰랐기 때문에 벌어진 일이다. 나를 제대로 파악하고 나의 입장과 처지를 알았다면 그런 시행착오를 겪지 않았을 것이다.

어린이 청소년들은 자신을 알아가는 길 위에 서 있다. 그들은 산만하다. 변화도 빠르고, 누구의 말도 듣지 않고 좌충우돌한다. 당연한 일이다. 그러니 꿈이 뭐냐고 물어보면 변변한 대답이 나오기 어렵다. 왜 노력하지 않느냐고 다그쳐 봐야 소용이 없다. 자신을 알아야 그에 걸맞은 노력과 길이 보이기 때문이다. 소크라테스가 말한 "너 자신을 알라"는 바로 그런 뜻이다. 나 역시 지금까지도 내가 누구인지를 알기 위해 노력하고 사색하며 도전하고 있지 않은가 말이다.

나를 많이 알수록 나의 갈 길이 보이고, 나를 많이 파악할수록 내가 누군지 알게 되며, 나를 사랑해 줄 수 있게 된다. 다른 사람과 비교할 필요 없다. 나는 그저 나일 뿐이니까.

그 누구도 비슷하지 않고 닮지 않은 나. 그러기에 내가 속해 있는 이 세상이 다채로움을 띤다. 온 세상에 한 종류의 꽃만 덮여 있다고 생각해보라. 얼마나 숨 막힐 것인가? 다양성과 다채로움은 이 세상 유일한 존재인 나 자신의 모습에서 오는 것이다.

이 책은 그래서 나의 부끄러움, 나의 삶, 나의 아픔을 많이 드러냈다. 솔직하게 나 자신을 바라보고 좌충우돌을 통해서 깨달음을 얻고 그 깨달음이 다시 나를 다지는 계기가 되었기 때문이다.

오늘 하루, 아침에 눈을 뜨면 벌떡 일어나자. 새로운 모험이 시작되니까. 그것은 나를 알아가는 과정이며 내가 누구인지를 알기 위한 도전이다. 실패하고 좌절하다가 때로는 성공하는 것, 그것이 삶의 길이다. 나는 오늘도 좀 더 나의 길을 잘 가기 위해 정신을 다잡는다.

2022년 북한산 기슭에서 고정욱

차례

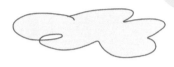

3장

공부가 나를 강하게 만든다 ··· 87

어떻게 내 길을 갈까 ... 121

제1장

나는 어떻게 살아야 할까?

먹고살기 위한 문학

"거기 뒤에 앉아 있는 고군은 평소에 소설을 열심히 쓰는데, 문학이 뭐라고 생각하나?"

J교수가 강의실 뒷자리 앉아 다른 책을 읽고 있는 나를 순식간에 지목했다. 일순 100명이 넘는 학생들이 고개를 돌려 나를 바라보았다. 나는 살짝 놀랐지만 당황하지 않고 태연한 표정으로 고개를 들었다.

문학개론 강의시간이었다. 대학 3학년이 개론을 듣는 건 조금은 웃기는 일이었지만 학점 부담 없이 편안하게 수업을 듣고 싶어 수강 신청을 했다. 담당 교수는 내 소설을 봐주던 롤모델인 소설가 J교수. 어린 후배들 앞에서 멋진 대답을 해주기 바라는 눈빛이었다. 갑자기 질문을 받았지만 나는 차분하게 대답했다.

"저는 문학이 제 삶의 방식이라고 생각합니다. 한마디로 제가 살기 위해 문학을 하고 싶습니다."

그것은 사실이었다. 평생 소설가로 살겠다고 그때 이미 결심을 했기 때문이다. 거기에 전업 작가가 될 수만 있다면 더는 바랄 게 없었다. 내가 한 그 대답이 J교수가 원하는 바람직한 대답이었는지는 알 수가 없다.

하지만 그때 나는 스물세 살의 대학 3학년 학생. 미래를 어떻게 살아야 하나 고민하는데 가장 하고 싶은 것이 소설을 쓰는 작가가 되는 거였다. 소설가가 되는 것이 나에게 줄 수 있는 가장 큰 선물인 거 같았다. 책을 좋아하고 글쓰기를 즐기게 된 나에게 딱 맞는 직업으로 여겼다. 결과적으로 그 약속은 지켜졌다. 40년 가까이 지난 지금도 나는 글을 쓰고 있고, 책을 발간하며 독자들을 만난다. 강연도 다닌다. 이렇게 젊을 때 뜻을 세워 살아갈 방향을 정하는 것은 무척 중요하다.

하지만 지금 많은 청소년은 스스로 뜻을 세우지 못하고 있다. 인생이라는 망망대해 앞에 서서 어느 방향으로 뛰어들어야 할지 알지 못하는 것이다. 강연 가서 꿈이 뭐냐고 물으면 별로 없다는 학생들이 여전히 태반이다. 있다 해도 막연하고, 뭘 어떻게 꿈을 향해 나아가야 할지 알지 못한다.

나 역시 그랬다. 장애로 인해 정상적인 직장 생활이나 세상 사람들이 말하는 모범답안과도 같은 꽃길을 가기는 힘들었다. 그때 내 마음을 사로잡은 생각은 이거였다.

'책을 읽고 사색하며 글을 쓰고 소설을 만드는 것은 누구에게도 부끄러운 일이 아니야. 손가락질 받을 일도 아니야, 이런 일을 해서 먹고 사는 게 왜 어렵다는 거지? 이렇게 열심히 하는데 왜 생계를 못 꾸린다는 거야?'

이런 생각이 머릿속에 가득 차 있었다. 그리고 나는 충분히 그걸 해낼 거라고 스스로 다독였다. 그리고는 삶을 영위하기 위해 노력하는 주변 사람들에게 고개를 돌려 그들을 관찰했다. 놀라운 비밀을 알게 되었다. 글 쓰는 사람들은 먹고살기 힘든데다 국문과가 굶는 과라는 말이 어디에서 나왔는지 비로소 깨달은 거다.

주위의 일반인들은 정말 부지런했다. 새벽같이 일어나 출근을 하고 아침 9시부터 저녁 9시까지. 아니, 밤이 새도록 일했다. 내가 젊었던 1980년대만 해도 시내를 다녀보면 우리나라를 잘 살게 해야 한다면서 밤늦은 시간까지 건물마다 불이 켜져 있었다. 야근하는 것은 기본이고, 회사에서 밤새 일하는 게 미덕이었던 시절이다.

　문학을 하거나 예술을 하는 사람들을 돌아보았다. 정반대 삶이었다. 불규칙한 삶 그 자체였다. 밤에는 깨어 있고, 낮에는 잠자는 삶. 정작 그들이 예술 활동을 하는 시간을 따져보면 하루에 몇 시간 되지도 않는 거였다. 예술을 한다지만 주로 사람 만나거나 어설프게 일을 하는 둥 마는 둥 하며 시간만 흘려보내는 경우를 많이 보았다.

　이래선 안 된다는 생각이 들었다. 내 경쟁자는 열심히 일하는 직장인들이라고 스스로 다짐을 했다.

　'저들이 열심히 일하는 것처럼, 글을 쓰면 나도 얼마든지, 먹고 살 수 있을 거야.'

　그 신념은 지금도 변함이 없다. 그 결과 30년이 넘도록 눈을 뜨면 글을 쓰고 책을 읽고 사색하며 살고 있다. 시간 나면 글을 쓰는 게 아니라 글을 쓰다 시간 나면 사람을 만나고, 짬이 나면 밖에 나갔다 온다. 이렇기에 문학의 길은 함부로 걷기는 무척 힘들다. 학생들이나 제자들에게 그닥 권하고 싶지 않다.

　2년간 나에게 와서 열심히 지도받은 고등학생 Y가 있었다. 소설을 열심히 써왔다. 나는 성실히 그 소설을 첨삭했다. 하지만 아무리 지도해도 실력이 늘지를 않았다. 그런데도 계속 잘

쓴다고 격려하며 학생을 미혹에 빠지게 할 수는 없는 노릇이었다.

"너는 소설 그만 쓰는 게 좋겠다."

"왜요? 선생님."

"미안하지만 재능이 없는 것 같다."

Y는 닭똥 같은 눈물을 뚝뚝 흘렸다.

"저 정말 잘 쓸게요. 한 번만 봐주세요."

"그게 각오로만 되는 게 아니라서….."

결국, Y는 진로를 틀었다. 국문과에 진학은 했지만, 작가의 길이 아닌 기자의 길로 나갔다. 지금은 어느 신문사 젊은 기자로 활발히 활동하고 있다. 스승의 날에는 가끔 찾아온다.

눈뜨면 글만 쓰는 작가의 길은 아니어도 그 역시 기자로서 글을 써서 밥을 먹는다.

자신의 꿈에 헌신한 사람의 노력은 그 꿈을 꼭 이루지 못한다 할지라도 그냥 사라지지 않는다. 노력을 품은 꿈은 자신에게 맞는 방향으로 전환할 기회를 주며 그 전환이 멋진 결과를 낳기도 한다.

청구서는 반드시 날아온다

"선생님, 저, 잘 되겠죠?"

내가 만나는 청소년이나 대학생 멘티들은 미래가 불안한지 이런 질문을 많이 한다. 미래에 대해서 불안하지 않은 사람은 아무도 없을 거다. 항상 우리는 매사 두렵다. 입시에 성공할지 알 수 없다. 내일 갑자기 아르바이트를 관두라고 할지도 모른다. 사귀는 이성 친구가 언제 변심할지도 짐작이 안 된다. 1년 뒤에 내가 무슨 일을 할지 상상도 하지 못한다. 이 모든 두려움이 생기는 이유는 미래에 대해 잘 알지 못하기 때문이다.

미지의 세계는 두려움이다. 모르는 곳이나 어두운 곳에 가면 우리는 등골이 오싹하고 소름이 끼친다. 왜 그럴까? 낯선 곳이기에 내가 가진 정보가 별로 없는 탓이다. 무슨 일이 어떻게 벌어질지 아무도 모른다. 어둡다는 건 시야가 확보되지 않았다는 의미다. 그렇기에 두려운 거다. 어떤 존재가 어디에 어떻게 숨어 있다 나타나 나를 해할지 모르는 까닭이다. 또는 친숙한 공간이어도 어둡다는 것은 낯설음이다. 두렵지 않을 수 없다.

삶도 그렇다. 누구나 미래는 두렵다. 나 역시 열심히 살았지만, 항상 미래는 두려웠다. 대학은 갈 수 있을까? 성적은 잘 나올까? 다음 달에 내가 생활비를 벌 수 있을까? 가족들 생계를 책임질 수 있을까? 출판사가 내 원고를 오케이 해 줄까? 매일 불안의 연속이다. 이렇게 늘 노심초사였다. 한 번도 쉽게 이루어지는 일이 없었다.

가장 처음 미래에 대한 불안함을 겪었던 것은 대학입시를 준비하던 수험생 때였다. 너무 긴장하고 살아서인지 소화가 잘 안 되었다. 매일매일 무슨 과목을 공부해야 할지 결정했고 노력했다. 그런 뒤 갈 대학과 전공을 골라야 했다. 그리고 가끔은 휴식도 취해야 했다.

그런 노력 끝에 내 삶은 대학 생활로 이어졌다. 대학교 1학년 시기가 가장 행복했던 건 잠을 마음껏 잘 수 있다는 점이었다. 늦잠을 자도 되고, 낮잠을 자도 되며, 어제 늦게까지 술을 먹었으면, 다음날 오전까지 쉬어도 좋았다. 그렇게 보상을 받은 거다. 그러나 대학을 다니면서는 어떤 직장을 갖고 무슨 노력을 해야 할지 두려워 또 불안해야만 했다. 흔히들 미래는 꿈과 비전이 가득 차 있을 거라고, 희망을 싸게 파는 사람이 가끔 있다. 그들은 아무 근거 없이 잘될 거라고 값싼 위로를 던진다. 너는 할 수 있다고 헛된 희망을 준다. 다 잘될 거라고 막연한 위로를 남발한다.

모두 다 거짓말이다. 왜 내가 잘되어야 하고, 내가 할 수 있나? 누구나 행운을 기대하고 있다. 그렇기에 모든 사람이 바라는 일, 모두가 행복한 일은 절대 이루어지지 않는다. 미래는 누구나 그저 두렵다. 두려워서 오늘 준비하고 노력하는 거다. 무서워서 대비하는 거다.

지금도 남아있는지 모르겠지만 고삼병이라는 말이 있다. 이 병은 고등학교 3학년에게 걸리는 병이다. 나도 고등학교 3학년 때 걸렸다. 그래서 소화가 안 되고, 뱃속이 더부룩했던 거다. 늘 긴장하고 있으니 자주 체하고, 배고파서 뭘 먹으면 거북해진다.

고등학교 때 내 방엔 라면이 한 상자씩 있었다. 전기밥솥에 물을 받아 라면을 밤늦은 시간에 끓여 먹으면 참 맛있다. 출출함도 가시고 다시 에너지도 보충이 된다. 하지만 고삼병 때문에 가끔 소화가 안 되어 밤새 토하고 설사하며 큰 고생을 하기도 한다. 우리 반에도 이런 고삼병 환자들이 많았다. 1등 하던 Y는 멀리 성남에서 등교를 하는 친구였다. 늘 점심 식사를 마치면 소화제를 먹었다. 속쓰림으로 항상 인상을 쓰면서 공부를 했다. 그러나 나중에 어른이 되어 만난 친구들 가운데 고삼병이 남아 있는 아이는 없었다. 이렇게 특이 증세가 나오는 건 대학을 가야 한다는 중압감 때문이다. 그리고 두려움 때문이다. 미래에 대한 두려움은 나를 옥죄지만, 역으로 더 노력하고 분발하게도 한다.

"선생님 저 대학 갈 수 있을까요?"

담임선생님에게 물으면 이렇게 대답할 거다.

"그건 너의 오늘을 보면 알 수 있어."

대학에 가느냐, 못 가느냐, 가족을 부양하느냐 못하느냐, 뭔가를 이루느냐 못 이루느냐. 이건 모두 오늘 그 미래를 준비하는 사람의 현재 모습을 보면 짐작할 수 있다.

"오늘 하는 것만큼 이루어질 거야."

오늘 내가 어렵고 불행하고 힘들다면 과거에 내가 성실하지 않았기 때문이다. 좀 더 노력하지 않았고 좀 더 지혜롭지 못했기 때문이다.

내가 오늘 여유가 있고 숨을 쉴 수 있다면 과거에 열심히 뭔가를 했기 때문이다. 오늘 내가 하는 선택은 바로 미래의 행복을 위한 것이 되어야 한다. 미래의 불행과 고난을 선택해서는 안 된다. 이는 마치 오늘 즐겁자고, 내일은 생각하지도 않고 신용카드를 마구 긁어대는 것과 마찬가지 행동이다. 인생의 청구서는 반드시 날아오게 되어 있다. 누구에게나 예외 없이.

방향도 중요하고
속도도 중요하다

K는 엄청난 사랑을 받았다. 집안의 장손이자 장남이었다. 게다가 교육에 관심이 많은 부모를 두었다. 어린이집과 유치원을 당연히 나왔다. 그때부터 수많은 사교육의 물결에 풍덩 몸을 던졌다. 화가인 엄마의 친구에게 그림을 배웠다. 피아노와 태권도를 했고, 주말이면 체육학과 대학생들에게서 축구, 농구, 배구 등 스포츠를 배웠다. 생활체육센터를 다니며 수영을 했고. 오케스트라에 들어가 첼로를 익혔다. 어디 그뿐인가. 산만하다고 해서 국선도에 가 명상 호흡을 하다 쿨쿨 잠을 잤으며, 덩치가 커지면서 볼링과 검도도 섭렵했다. 그리고 방학 때는 각종 캠프를 다녔고 수학, 영어 등의 학원은 기본이었다.

하루는 가족들이 모였을 때 K는 자신이 무슨 사교육을 받았는지를 꼽아 보았다. 무려 20개가 넘는 것이 아닌가.

"와 정말 많이 배웠네요."

이렇게 많은 기회와 비용을 부모가 자신에게 투자했을 줄 몰랐다는 표정이었다. 그 가운데 제대로 소질을 계발해 먹고 사는데, 지금까지 도움이 된 것은 하나도 없었다. 하지만 K는 건실하게 자랐다. 그리고 다양한 호기심을 갖게 되었다. 그것 만으로 족했다.

시루에 물을 부으면 다 빠져나가도 콩나물은 잘 자란다. 그 것처럼 세상의 수많은 사교육은 그저 좋은 경험에서 크게 벗 어나지 못한다. 하지만 그런 경험이 뭉쳐서 한 개개인에게 시 루에 담긴 콩나물을 성장케 하는 물방울처럼 도움이 될 수도 있다.

나 역시도 어려서부터 부모님의 지원 덕분에 다양한 호기심 과 관심을 가지고 살았다. 그 결과 공부도 계속해서 박사학위 까지 받았다. 박사학위가 있다고 돈벌이가 되는 건 아니었다. 하지만 나는 어느 순간 부모님에게서 독립해 떨어져 나왔다.

"얘야, 박사학위로 무슨 돈벌이가 되니?"

어머니는 걱정되어 물었다.

"아닙니다. 어머니. 힘들어도 박사까지 되었는데 그걸 이용 해서 뭔가를 해야지요."

더는 부모에게 의존하지 않는 내 삶을 살아야 한다는 생각이었다. 그것은 내 자존심이고 자존감이었다. 혼자서 살아내지 못하는 사람이 있다면 그는 제대로 된 자아를 가지고 있지 못하다는 의미라고 생각했다. 나를 붙잡은 의존의 습성을 끊지 않으면 혼자 설 수 없다.

처음에 나무를 심으면 그 나무가 쓰러지지 않도록 부목을 대준다. 부목 덕에 나무는 한동안 흔들림 없이 뿌리를 뻗을 수 있다. 그러나 어느 정도 자라면 부목을 걷어내야만 한다. 오히려 부목이 성장에 방해가 된다. 그래야 더 크게 성장하는 까닭이다.

나는 독립을 선언한 날부터 독한 마음을 먹고 대학 시간강사로 뛰었고, 글로써 할 수 있는 일은 모두 다 도전했다. 소설가가 되었으니 그 카드를 적극적으로 활용했다. 각종 잡지나 사보에 잡문들을 투고하며 원고료를 받았다. 등단했다고 해서 누가 알아서 연락 주는 것도 아니다. 나 스스로 나를 알리고 적극적으로 기회를 만드는 것만이 유일한 방법이었다. 이건 어느 분야의 사람들이건 원하는 것을 얻기 위해 가는 공통적인 삶의 길이었다.

그런 투쟁 본능은 지금까지 이어진다. 계급장 떼고 누군가가 날 찾아오기 전에 내가 먼저 찾아가고, 먼저 제안하고, 먼저 이

득이 되어주는 것이다. 그러다 보니 결정도 빨라야 했다. 사람들이 모여서 무슨 회의를 할 때 결정은 대개 내가 했다.

"자, 회의는 그만하고 일 시작합시다."

망설이고 있을 때 나는 그 시간이 아까웠다. 망설인다는 건 무슨 뜻인가? 둘 다 결과가 비슷하기에 어떤 게 더 나은지 몰라서 머뭇거리는 거다. 그렇다면 아무거나 선택해서 빨리 시작하는 것이 시간을 버는 것이고, 기회를 빨리 잡는 방법이라는 게 내 생각이다. 시간 낭비를 줄인 것만 해도 요새 말로 '개이득'이다.

결정 장애를 가지고 의타심으로 남의 견해를 따르거나 망설이는 자들을 주변에서 많이 본다. 그런 사람 치고 성과 내는 것을 별로 보지 못했다. 잘못된 결정을 하더라도 빨리 판단하고 빨리 실패를 인정하고 새롭게 출발하는 것이 오히려 그 실패의 경험을 토대로 더 큰 성공을 만드는 법. 결정은 남에게 의존해서 얻을 수 없다. 결정이야말로 내가 하는 것이고, 내가 책임지는 것이다. 빠른 결정, 그리고 결정된 것에 대한 추진력, 이것만이 나를 강하게 만들어주는 핵심 신조다. 실패하면 언제든지 돌아와서 다시 시작하면 된다.

속도가 아니라 방향이라고 이야기하는 사람들이 있는데 나는 그렇게 생각하지 않는다. 방향도 물론 중요하지만, 속도는 더 중요하다. 언제 남들이 저만치 달려가는 것을 따라잡을 것인가? 누군가에게 의존하지 말고 과감한 결정으로 밀어붙이자. 설령 실패하더라도 그것은 내 인생에 좋은 자양분이 된다.

그래도 이제 나이든 나는 부모님이 가끔 주시는 기름값을 잘 받는다. 의존이 아니라 그것이 부모님을 행복하게 해드리는 지름길이라서 그렇다. 이는 마치 나무가 스스로 땅속의 물을 빨아들이지만, 사람이 자주 물을 부어주면 잔뿌리를 많이 퍼뜨리지 않는 것과 다르지 않다.

지금 정말 가기 싫은 사교육으로 내몰리는 청소년들은 시각을 바꿔보자. 형편이 어려운 집은 그런 사교육이나 과외활동을 꿈조차 못 꾼다. 그저 당연히 주어지는 거라 여기고 귀한 돈과 시간을 낭비하는 건 아닌가? 이왕 해야 하는 활동이라면 적극적으로 능동적으로 즐겁게 수행하자. 그것이 나중에 어떤 이로움으로 다가올지 알 수 없다.

20개 넘는 사교육을 받은 K는 다니는 회사에서 다양한 경험을 가진 덕에 팔방미인이라는 말을 들으며 업무 능력을 인정받아 매년 연봉이 오르고, 삶의 질이 좋아지고 있다고 한다. 컴퓨터 능력으로 업무를 효율적으로 관리하고 꾸준한 운동 덕에 강철 체력을 소유했다. 어디 그뿐인가, 원만한 대인관계와 적응력, 그리고 친화력은 다양한 사교육 경험 덕분이라고 한다. 이 정도라면 이 세상에 쓸모없는 경험은 없는 거다.

고속도로 옆 갓길에 차를 세우고 트렁크에서 한 여인이 아이의 옷을 꺼냅니다. 뒤 유리창으로 귀여운 딸이 엄마가 옷을 꺼내는 장면을 바라보고 있었습니다. 그 순간 마약을 복용한 운전자가 고속으로 달려와 그만 세워둔 차의 뒤를 박았습니다.

대개 사람들이 그렇듯 불행은 이렇게 시작되었다. 왜 나만 불행해야 하느냐고 절규하지만 대답해주는 사람은 아무도 없다. 남들에겐 생기지 않은 일이 왜 나에게 생겼냐고 원망을 해도 소용없다.

나 역시도 어렸을 때부터 왜 나만 장애인이어야 하느냐는 원망의 마음을 가졌다. 다들 걷는데 나만 바닥을 기어 다녀야 하는 이 비참한 현실을 결코 용납할 수 없었다. 어떻게 살아야 할지도 알 수 없었다. 삶이 얼마나 힘든지 아는 사람들은 그런 나를 보며 혀를 찼다.

"저 몸을 해서 이 험한 세상 어떻게 살까?"

때때로 운명은 너무나 가혹하고 잔인하며 돌이킬 수 없는 상처를 입힌다. 인간의 의지나 노력 따위는 그 발톱 아래 정말 무기력하다. 나 역시도 운명의 이끌림으로 국문학과에 들어왔고 작가가 되었다. 그리고 우여곡절 끝에 평생 글을 쓰며 살기로 결정했다.

운명이 조류 거센 바다에서 항해하는 배라면 노력은 그 조류를 아주 조금 거스르는 노 젓기라고 생각한다. 조류의 흐름에 따라 되는 대로 나의 인생이라는 배는 아무런 힘없이 흘러갈 수 있지만 때로는 노를 통해서 그 조류 흐름에 약간이나마 저항할 수도 있다. 조류의 흐름대로 갔으면 불모지에 도착하겠지만, 열심히 노를 저으면 지상낙원으로 가는 조류에 간발의 차로 올라탈 수도 있다. 물론 운명이라는 거대한 조류를 벗어날 수는 없지만, 노를 젓느냐 안 젓느냐는 가끔 분명한 차이를 만들 수 있다. 이것이 그간 살아온 내 운명과 노력의 관계에 관한 생각이다.

거대한 조류에 비하면 작은 노를 젓는 노력은 하찮다고 말하는 사람이 간혹 있다. 거대한 인류 역사 속에서 정세와 기후 변화, 전쟁, 기아, 전염병 등등의 큰 흐름에서 인간이 노력할 수 있는 일은 그다지 많지 않은 건 사실이니까.

나는 운명이라는 조류에 휩쓸려 꿈을 다섯 번 정도 바꿨다. 의사에서 교수로, 교수에서 작가로 작가에서 동화작가로, 그리고 강사로 이제 또 다른 꿈을 오늘 하나 결정했다. 그것은 바로 글을 가르치는 일이다. 글을 쓰고 싶은 사람들에게 글을 가르치며 문학과 책 쓰기의 비전을 공유한다(#문장아고라). 이건 내가 마지막까지 할 수 있는 소명이라는 생각이 든다. 물론 모든 것을 내가 결정했다. 글쓰기라는 거대한 운명을 타고 가면서 열심히 노를 저은 결과라 하겠다.

서두에 인용한 글은 내가 쓴 동화다. 교통사고가 난 사람은 P재단 상임이사인 B이사의 아내였다. 그는 수술을 받고 한쪽 다리를 절단한 중증 장애인이 되어 휠체어를 타야만 했다. 신문사 기자였던 잘 나가던 B기자에게 이것은 청천벽력 같은 일이었다. 대부분 사람은 좌절하고 절망하여 삶의 끈을 놓는다.

그러나 B기자는 결정하였다. 아내와 같은 사람을 위해서 재단을 만들고 재활병원을 짓겠다고. 그렇게 해서 만든 것이 P재단. 그는 지금 상임이사가 되어 그 재단을 이끌어 오고 있다. 어린이 병원을 만들었고 재단은 복지관을 운영하고 있다.

고3 때 우리 반 부반장이었던 C는 다부진 체구에 우직한 친구였다. 노는 시간이 되어도 자리를 뜨지 않고 열심히 공부했다. 그의 눈빛엔 절박함이 있었다. 어느 고3이 절박함이 없을까 싶지만 말이다.

예비고사(수능시험)을 치고 나서 대학지원을 할 때 그는 공과대를 가려 했다. 하지만 부모님은 그에게 치과대학을 가라고 했다. 담임선생님도 같은 권유를 했다. 그 성적이면 S대학교 치과대학에 응시할 만했던 거다. 하지만 그는 그걸 원치 않았다. 치과의사가 되는 건 한 번도 생각해본 적이 없다는 거다. 거절하려 했지만, 그는 주변의 의견을 듣고 치과대학 시험을 보았고 합격이 되었다. 그의 작은 자서전을 보면 이렇게 쓰여 있다.

그때까지 치과의사로서 살아간다는 것은 한 번도 생각을 해본 적이 없었기에 한사코, 거부했지만 결국 대세에 밀려 치과대학을 가게 되었다. 그리고 학교를 다니면서도 수련을 밟는 중에도 나는 내가 앞으로 치과의사로서 살아가야 한다는 것만 생각하면 마음이 답답하고 절망감이 느껴졌다.

하지만 훗날 교수가 된 그는 우리나라에서 임플란트를 최초로 도입해 수없이 많은 시술을 했고, 동료 의사를 가르치는 의사의 의사가 되었다. 어디 그뿐인가. 임플란트의 불편함을 개선한 날개 달린 임플란트도 개발해 발명 특허도 5개나 있다.

이처럼 운명은 때로 우리에게 원치 않은 길을 가게 한다. 하지만 삶에서 중요한 건 선택 그 자체에 있지 않다. 어리석은 사람은 선택 그 자체에만 연연한다. 하지만 선택은 늘 모호하고 꿈은 변하기 마련이다.

선택도 얼마든지 새로 할 수 있다. 중요한 건 태도다. 삶은 원하든 원하지 않든, 우리에게 주어진 길을 어떤 태도로 어떻게 가느냐에 따라 그 빛깔이 달라진다.

자기 결정권

"아빠, 저는 토목학과로 갈래요."

대학 진학하는 아들이 스스로 결정해서 나에게 통보했다.

"그래라."

그게 내 대답의 전부였다.

얼핏 보면 나는 무관심한 부모다. 아이들 셋이 대학을 가고 전공을 결정하는 데 한 번도 무엇을 하라고 말한 적이 없다. 다 자기들 스스로 결정했다. 큰 녀석은 토목공학을 하겠다고 했고, 큰딸은 생리학을 하겠다고 했다. 그리고 막내는 비행기 조종을 하겠다는 것이다. 오케이. 다 자기들 스스로 결정한 꿈이었다.

신기한 것은 세 녀석이 다 이과를 택했다는 점이다. 그 이유는 내가 바로 이과 체질이었기 때문이다. 유전자의 힘은 정말 강하다. 비록 내가 이렇게 작가가 되어 문과의 삶을 살지만.

나에게는 수족과 같은 동생이 하나 있었다. 동생은 두 살 차이였다. 나는 초등학교를 입학할 여덟 살 나이에 공교롭게도 입원을 했다. 그리고 재활원에서 훈련을 받느라 입학을 1년 연기하고 흘려보낸 상태였다. 그로 인해 1년 늦게 아홉 살에 내가 학교를 입학할 때 당시 일곱 살이던 동생은 울고불고 난리가 났다.

"나도 따라 갈래."

자기의 단짝이었던 형이 학교라는 낯선 곳을 간다니 본인도 같이 가겠노라며 떼를 쓰는 거였다. 결국, 동생은 학교까지 따라왔다. 담임선생님은 일곱 살짜리 동생이 또랑또랑한 걸 보더니 어머니에게 말했다.

"어머니. 입학시켜도 되겠어요. 동생도 같이 보내세요."

"그럴까요?"

결국, 동생은 나와 같은 1학년이 되었다. 한 마디로 동생은 1년 일찍 들어온 거고, 나는 1년 늦게 들어간 셈이다. 당시 한글도 못 배우고 학교에 보냈다고 아버지가 안타까워하셨지만 사실 그 당시 한글 배우고 온 아이들은 별로 없었다. 나를 제외하고는…….

　그런 동생은 나에게 아픈 손가락과도 같았다. 준비물이건 뭐건 내가 다 챙겼다. 동생은 그저 나와 학교 다니며 한 살 많은 아이들을 따라가느라 버거웠으리라. 내가 대학을 다닐 때 동생은 재수했지만, 성적이 나오질 않았다. 낮은 점수를 보고 아버지와 어머니가 한숨을 쉬었다.

　"이 점수로 어느 대학을 가야 좋겠니?"

　그때 나는 건장한 체력을 가진 동생이 체육과를 가면 괜찮겠다는 생각이 들었다. 체육학과에 들어갈 정도의 성적이 되고도 남았기 때문이다. 게다가 운동능력도 좋았다. 나의 전략에 따라 동생은 마침내 S대학교 체육과에 합격했다.

　그러나 동생은 학교에 적응하지 못했다. 체육과의 거친 분위기를 이겨내지 못한 것이다. 강의는 듣지 않고 술이나 먹고 다니며 겉돌고 방황할 때 나는 동생을 붙잡고 애타게 물었다.

　"너 내가 아이디어 내서 명문대학 체육과에 가게 했는데 왜 그렇게 열심히 안 하니?"

　동생은 반항적인 얼굴로 내게 말했다.

　"내가 언제 가고 싶대? 형이 가랬잖아?"

　어이가 없는 대답이었지만 나는 그때 비로소 깨달았다. 자기가 결정하지 않은 것은 그 어떤 결과도 결코, 소중하지 않은 법이었다. 동생은 형인 내가 어려서부터 모든 걸 챙겨주는 바람에 자기 결정력이 약했다.

그때 나는 독하게 결심했다. 나중에 자녀를 낳게 되면 절대 무엇을 전공하라고 말하지 않겠노라고. 그것이 설령 최고의 결과를 담보한다 믿어도……. 그 결심은 지금도 이어지고 앞으로도 변함이 없을 거다.

오히려 우리 애들 셋은 자신들에게 의견 내지 않던 아버지를 어려워한다. 결과도 책임져야 하기 때문이다. 자신이 결정한 것의 책임을 누구에게 떠넘길 수가 없다. 자신의 것이니까.

요즘 학교의 교육 지표 가운데 중요한 것 하나가 바로 진로다. 다시 말해 꿈을 무엇으로 정하는가가 중요하다. 아무래도 꿈을 정하고 공부를 해야 학업 성취도도 높고 청소년들이 더욱 시간 관리라든가 자기 삶에 대한 애정이 강해지기 때문이리라.

학교 강연에서 꿈을 물어보는 적이 많다. 그러면 학생들 대부분은 꿈을 정하지 못했다. 그러다 보니, 관심사도 없고, 의욕도 저하되어 있다. 그런데 가끔 확신에 차 자신의 꿈을 말하는 아이가 있다.

"저는 판사요."

"판사가 뭐 하는 건지 알아?"

"몰라요. 엄마가 나 판사 하래요."

이 대목에서 나는 확 깼다. 자신의 꿈인데 부모가 시킨 것을 그대로 무비판으로 따른 거다. 이렇게 되면 당장은 편할지 모른다. 하지만 살면서 반드시 고난을 겪게 되어 있다. 판사가 되기 위한 어려움이 생기면 바로 남 탓을 하게 된다. 스스로 결정한 게 아니니 손쉽게 그리 된다. 그리고 설령 꿈을 이룬다 해도 그 꿈의 실상이 생각한 것과 다르면 쉽게 방황을 한다.

그렇기에 정말 자신이 원하는 꿈을 찾아내야 한다. 그리고 그 결정을 의심 없이 확신에 차서 밀어붙여야 한다. 실패해도 다시 도전하는 정신을 배워야 한다. 내 생은 내 것이다. 남에게 내 인생을 결정하게 해서도 안 되지만 내가 결정한 인생을 남 탓으로 변명해서도 안 된다. 당당하게 꿈을 정하고 노력하며 그 길에서 만나는 많은 기회를 포착해야 한다.

그 말을 듣자
녀석의 눈빛이 변했다.

1997년이 나흘만 지나면 새해가 되는 날 막내딸이 태어나면서 나는 세 아이의 아빠가 되었다. 하나도 둘도 아닌 자녀 셋을 먹여 살릴 걸 생각하니 미래가 불안하고 걱정되는 건 당연한 일이었다.

어느 날 집필실에서 달력을 북 뜯어 뒷면에 자를 대고 도표를 만들었다. 인생 로드맵 도표였다. 37세에 내가 막내를 낳았으니 앞으로 어떻게 키워야 할까, 연도별로 아이들은 몇 살이며, 어느 시기에 무슨 학교 몇 학년을 다닐까, 한눈에 알아볼 수 있는 인생의 생애 주기표였다. 이렇게 하여 시간이 갈수록 아이들의 성장과 나의 노화가 한눈에 보이게 했다.

도표를 만들다 보니 가장 두려운 것은 갈수록 돈이 엄청나게 든다는 사실이었다.

'헉! 이 많은 돈을 내가 벌 수 있을까?'

당시만 해도 나는 갓 작가가 되어 열심히 글을 썼다. 앞날이 늘 불안하며 매일매일 불규칙한 수입으로 통장 잔고를 확인하는 가난한 삶을 살고 있었다. 하지만 내 로드맵이 건네는 메시지는 분명했다. 내가 죽을 수도 없고, 가정을 깰 수 없는 한 도표에 있는 시간대로 아이들은 어김없이 성장할 것이고, 그만큼의 돈이 들 것이며, 나는 계속 늙어 갈 것이다. 이것은 분명한 사실이었다. 수학 문제로 치자면 그것은 변하지 않는 수인 상수(常數)였다.

그 도표를 나는 작업실 벽에 붙여 놓았다. 앞으로 어떻게 될지 모르지만 지금 부족한 능력으로 열심히 하리라. 각오를 다지는 좋은 각성제였다.

"김군, 어서 결혼해서 애도 둘은 낳아야지?"

"박양, 돈 모아서 집 사고 차도 사야지?"

간혹 젊은이들이나 학생들에게 목표를 가지라며 꼰대가 되어 격려하면 그들은 당황한다.

"선생님, 저 직장도 없는걸요?"

"남자친구도 없는데 어떻게 결혼해요?"

"집값 너무 올라서 못 사요."

"내 성적으로 대학은 꿈도 못 꿔요."

대학 못 갈 것 같다는 중학생에게 나는 이렇게 말한 적이 있다.

"너는 중학교 2학년이니까 5년의 시간이 남았잖아. 4~5년 동안 노력해서 달라질 너를 만들어."

"무슨 말씀이세요?"

"지금 당장 네가 목표로 하는 대학은 불가능해 보이지? 공부도 못하고 실력도 없고. 하지만 5년 뒤의 너는 달라질 거야. 5년이라는 노력할 시간이 네게 충분히 남아 있기 때문이야."

그 말을 듣자 녀석의 눈빛이 변했다.

연예인들이 프로필 화보 사진을 찍을 때 이야기를 들은 적이 있다. 화보 찍을 때는 3개월에서 6개월 정도의 시간을 준다고 한다. 그때까지 몸을 만들어 오라는 거다. 사진 촬영하는 날짜는 이미 다 정해져 있다. 그건 수많은 사람과의 약속이다. 어쩔 수 없다. 이때부터 연예인들은 초능력을 발휘한다. 식이요법과 동시에 운동을 시작한다. 유산소와 무산소 운동을 병행한다. 철저하게 몸을 만든다. 비포애프터 사진을 보면 배가 나오고 살이 축 처져 있던 연예인들이 몸짱이 된 사진을 많이 보았을 것이다. 가야 할 길이 뚜렷하고 로드맵이 있어서 그들은 매일 매일의 고통을 이겨내고 불가능한 목표에 도전해서 결국은 화려한 식스팩을 자랑하면서 사진을 찍고야 만다. 우리는 그걸 보며 연신 감탄한다.

"와, 연예인들은 역시 달라."

그러나 그건 연예인만 할 수 있는 것은 아니다. 우리 모두 할 수 있다. 목표를 높게 세우면 두려움이 생긴다. 도저히 할 수 있을 것 같지 않다. 그러나 나에게는 무기가 있다. 바로 시간이다. 나의 시간을 최대한 투자해서 로드맵을 채워나가면 된다. 그래서 시간을 낭비하는 것은 곧 인생을 낭비하는 것이기도 하다. 변화하고 발전한 내 모습을 만들기 위한 소중한 자산이 바로 이 순간에도 째깍거리며 가고 있는 시간이다.

그로부터 25년이 지난 지금 나는 세 아이를 무사히 다 키웠다. 한 끼도 밥 굶기지 않았으며, 공부 못 시키지 않았다. 로드맵대로, 아니 더 훌륭하게 해냈다. 지금의 나는 과거에 미래를 걱정하던 그 젊은 청년이 아니다. 시간을 아껴 차곡차곡 나의 실력과 업적을 쌓아온 장년의 귀밑머리 희끗한 작가 고정욱이다.

나의 인기작 까칠한 재석이 9권의 주제는 '공부'다. 드디어 우리나라 청소년의 가장 큰 고민이 떠올랐다. 이 주제를 정해서 집필하려고 나는 시중의 공부에 관한 책들을 다 수집해 읽었다. 공신의 책, 공부의 왕, 공부의 마법…, 그런데 모든 책에서 공통으로 주장하는 것은 바로 이거였다.

"시간은 금이다."

금이니 귀한 것이고 써서 없애면 다시는 돌아오지 않고, 아까우니 아주 잘게 쪼개서 낭비 없이 잘 써야 하는 것. 이 시간을 어떻게 다루느냐가 성적과 공부로 연결되는 아주 단순하며 명쾌한 진리를 보여준다. 그렇다, 인생에는 시간이라는 무기로 정복하지 못할 난공불락의 성(城)은 없다.

제2장

나를 알면 길이 보인다

풀액셀을
밟아봐야 나를 안다

"박사님. 줌으로 저희 축제 중계방송이 가능하지요?"

코로나가 창궐하던 2020년 여름. 장애인 국제예술단 B단장이 나에게 제안을 했다. 코로나19가 팬데믹이 되면서 나는 줌 유격대를 구성해 줌을 익히고 숙달한 상태였다. 이미 그때 줌을 통해 누구보다 일찍 강연을 시작했고, 코로나 위기를 타고 넘어가는 중이었다.

장애인들의 축제가 매년 열리는 그해 가을에는 행사조차 불가능하게 되었다. 가평 자라섬에서 열리는 축제를 관계자와 장애인 예술가들만 모여서 진행하기로 했다. 전국에 있는 장애인들에게는 유튜브로 중계방송을 하는데 그때 줌으로도 생중계를 동시에 하자는 것이 아닌가?

줌으로 회의를 해 보거나 강연을 모여서 한 적은 있지만, 전국에 중계방송을 해 본 적이 없었다. 하지만 내가 누군가? 세계 최고의 대학 '들이대'의 원조 설립자가 아니던가.

"할 수 있습니다. 해 보죠."

그때부터 비상이 걸렸다. 줌유격대는 모여서 회의를 열었고, 중계방송을 어떻게 할 것인가를 논의해 나갔다. 줌프로그램은 회의 참여 인원수가 많아지면 유료회원이라야 한다. 나는 참가자가 500명씩 들어올 수 있는 줌유료회원으로 전환했다. 몇 명이 중계방송을 들으러 전 세계에서 들어올지 알 수가 없기 때문이다.

그리고 이것을 어떻게 중계할지도 경험해 보았거나 아는 사람이 없었다. 내가 하는 것이 길이고, 내가 가는 것이 방법이었다. 우리도 자신을 잘 몰랐다. 별명이 '들이대' 이사장인 내가 그냥 있을 수는 없었다. 용감하게 도전해 보는 사람들이 '들이대'를 나온 사람이라고 이야기한다.

가장 먼저 자라섬에 인터넷 선을 설치해야 했다. 500명이 들어와도 문제가 없을 만큼 빠른 초고속 인터넷 망을 깔아야 했다. 단 이틀을 쓰기 위해 한 달치 인터넷 망을 계약해서 설치했다.

어디 그뿐인가? 모두들 장비를 구입하고 방송 중계팀과 함께 어떻게 중계할 수 있는지, 방송 신호를 어떻게 변환하는지 연구하고 익혔다. 중계방송이 되는 그날까지 가슴이 설레었다. 우리가 우리의 실력을 한번도 검증받지 못했기 때문이다.

대개 내가 멘토링을 하거나 사람들을 만나서 갈 길을 제시해주면 그들의 입에서 부정적인 말부터 나온다.

"저는 못 해요."

"안 해 봤어요."

"자신이 없어요."

비겁한 변명이다. 이런 사람들에게 나는 말해 준다.

"당신이 자동차라면 시속 몇 킬로까지 달릴 수 있습니까?"

대답하는 사람이 없다. 왜? 밟아본 적이 없기 때문이다. 극한까지 밟아봐야 차의 한계를 알고 상품으로 출시할 때 최고 시속 몇 킬로미터라고 소개할 수 있는 것이다. 자신을 제대로 알아야 존경을 받을 수 있고, 자신을 알아야 능력을 발휘할 수 있다. 자기 자신도 알지 못하면서 사랑해 달라 하고 존중해 달라 한다는 것은 어불성설.

우리는 혹시 몰라서 중계방송에 출동하면서 보조 인원까지도 구했다. 그 가운데 한 사람이 브레인튜닝연구소 A소장. 그는 굴지의 S그룹 출신이다. 대기업에 있어서인지 걱정이 태산이었다.

"한 번도 안 해 본 걸 하시다니요? 불안합니다."

하지만 우리는 '아니면 말고'의 정신으로 들이댔다. 축제가 벌어지는 날 오후에 일찍 가서 장치를 설치했다. 인터넷 선도 전날 와서 성공적으로 깔아 놓아 우리는 몽골 텐트 안에서 중계방송을 시작했다. 결과는 대성공이었다. 무려 500명 가까운 전국의 장애인과 비장애인들이 줌으로 들어와서 축제 개막식을 구경했다. 어디 그뿐인가? 그다음 날부터 이어지는 축제인 가요제까지도 중계방송을 하게 되었다. 국내 최초의 장애인 축제를 국내에서 줌으로 먼저 중계 방송한 것이다.

이렇게 나처럼 용감하게 들이대는 청소년들이 내 곁엔 몇 명 있다. 그들은 놀랍게도 지적장애인들이다. 성운이와 그 일당들. 녀석들이 고등학생일 때 나는 그 아이들과 〈장애인과 함께 여행을〉이라는 프로그램으로 양평의 황순원 소나기 문학관을 다녀왔다. 지적장애 3급 정도인 몇 녀석은 아주 활달하고 건장했다. 행사 프로그램 내내 나를 도와주고 내 휠체어를 밀어주었다.

"선생님, 뭐 필요한 거 없습니까?"

"선생님, 뭘 도와드릴까요?"

너무 적극적이어서 탈일 지경이었다. 그렇게 인연을 맺어서 녀석들은 내 사무실까지도 쳐들어왔다.

"선생님. 저희가 사무실 청소해 드리겠습니다."

"맡겨만 주세요. 뭐든 할게요."

게다가 성운이는 컴퓨터도 잘 다루는 재능이 있었다. 물걸레로 사무실을 반들반들하게 닦았기에 용돈도 주고 밥도 사주었다. 보고만 있어도 그 순수함에 미소가 지어진다. 지금도 잊을 만하면 전화해서 꼭 들이댄다.

"작가님. 제가 가서 사무실 청소하고 싶습니다. 불러주세요."

이렇게 귀엽게 들이대는 녀석이니 어딜 가도 귀여움을 받는다. 대학생이 된 지금 택배 아르바이트를 하며 돈도 많이 번다고 한다. 연락은 뜸하지만 그렇게 용감하게 들이대니 언제 어디서건 제 앞길은 헤쳐나갈 것이 분명하다.

줌 중계방송으로 아무도 안 가본 길을 나는 가보았다. 심지어 중계방송을 하기 위해서 사업자 등록까지 했다. 수익이 생기면 세금 신고도 하게 된 것이다. 작가인 내가 일탈을 하는 것 같지만, 아니다. 새로운 길에 도전하는 것이 얼마나 흥미로운가. 이것이야말로 재미 아닌가. 나도 어느새 일인 기업 사장님이 되었다. 나에게 이런 사업가의 길이 생길 줄이야. 이렇게 새로운 길은 들이댈 때 비로소 하나씩 열리게 되어 있다.

생각하는 대로
삶은 변한다

"작가님은 왜 전동 휠체어 안 타세요?"

강연 갔다 만난 어느 어린이가 무척 안타깝다는 표정으로 내게 물었다. 아마 나의 수동 휠체어가 안쓰러웠나 보다. 많이 듣는 질문이라 나는 당황하지 않고 여유롭게 대답한다.

"응. 운동 좀 하려고."

"왜요? 전동 휠체어가 더 편하시잖아요?"

"근육을 써야 하거든."

내 말은 사실이다. 수동 휠체어를 타고 다니려면 힘이 든다. 울퉁불퉁한 곳, 모래밭같이 푹푹 빠지는 해변, 물이 뿌려져 있거나 미끄러운 장소는 다니기가 어렵다. 수동 휠체어를 타야 나의 근육을 계속 쓸 수 있다. 근육의 힘으로만 움직이는 게 수동 휠체어다. 한마디로 이걸 타야 운동이 조금은 되는 거다.

코로나로 집에만 있다가 지방 강의를 위해 서울역에 오랜만에 도착했을 때의 얘기다. 마트 주차장에 차를 세우고 기차 타는 곳까지 가려면 거리가 몇 백 미터는 된다. 그 거리를 휠체어로 가는 것 정도는 그동안 아무 문제없었다. 그런데 그날은 갑자기 힘이 들었다.

'이거 왜 이러지?'

가만 생각하니 코로나로 집에서 쉬는 동안 근육이 많이 줄어든 거였다. 운동은 이래서 필요하다는 사실을 다시금 느꼈다.

어릴 때부터 나는 목발을 짚고 돌아다녔다. 어깨와 팔 근육이 좋았다. 아니 목발을 짚었기에 근육이 좋았던 것일 수도 있다. 아무리 못 걸어도 목발로 몇 백 미터 정도는 얼마든지 다녔다. 중간에 쉬엄쉬엄 걸으면 몇 킬로도 걸을 수 있다.

그러나 나이를 먹자 소소하게 관절이 망가지기 시작했다. 통증이 너무 오랫동안 계속되어 병원에 갔더니 팔꿈치 관절 내부에 좁쌀만 한 작은 뼈들이 굴러다니니 빨리 수술해서 뼈를 빼내야 한다는 것이 아닌가? 청천벽력이지만 가만히 생각해보았다.

'하체도 쓰지 못하는데 상체 수술까지 하다가 팔을 못 쓰게 되면 어떻게 하지?'

나는 결정을 했다.

"이제부터 휠체어 타겠습니다."

그래서 그때 목발을 집어 던졌다. 휠체어로 바꾸니 처음에는 무척 불편했다. 목발 짚으면 계단도 휙휙 올라갈 수 있는데 휠체어로는 그것이 불가능하기 때문이다. 우리 사회에 얼마나 많은 장애물이 있는가 말이다. 그렇게 37세에 수동 휠체어를 본격적으로 타기 시작해서 25년 가까이 타고 있다. 그러다 보니 사람들이 이렇게 전동 휠체어를 권유하곤 한다.

하지만 나는 이미 내 갈 길을 다 결정해 놓았다. 미리 생각하고 내린 판단에 의한 결정만이 나를 올바로 이끌기 때문이다. 일단은 힘닿는 데까지 수동 휠체어 타고 다닐 것이다. 적당한 근육을 유지하는 것이 나에게 필요하다. 수동 휠체어를 굴릴 힘이 없어지면 그때는 전동 휠체어를 타야 한다. 손가락 힘만으로도 전동 휠체어는 굴러가니까.

전동 휠체어도 탈 수 없을 땐 어찌할 것인가? 그때도 방법은 있다. 침대형 휠체어가 있기 때문이다. 누워서 다닐 수 있는 휠체어이다. 스티븐 호킹 박사가 타는 전동 휠체어를 상상하면 된다. 그는 온몸을 못 움직이지만, 컴퓨터로 조정해 스스로 전동 휠체어를 타고 다닌다.

누워서도 다니지 못할 때는 어떻게 할 것인가? 그때는 집에서 사람들을 만나면 된다. 언제든지 나를 찾아와 대화를 나눌 수 있게 하면 된다. 지방에 있거나 멀리 있는 사람은 원격 화상 회의로 만나도 된다. 이 세상에 불가능은 없다.

장애는 나의 자유로운 영혼을 절대 몸 안에 잡아 가둘 수 없다. 평생을 지긋지긋하게 날 사로잡았지만 한 번도 굴한 적 없다.

나에겐 나만의 계획이 있다. 장애인과 비장애인이 더불어 사는 세상. 그것을 만드는 게 나의 계획이다. 그 계획은 내가 결정한 거다. 그러니 남의 도움 없이 내가 실천할 거다. 내 생각대로 내 삶은 움직여 간다. 나는 내 영혼의 항해사이기 때문이다. 남이 결정해 주지 않는 것이 나의 삶. 소중히 여길 수밖에 없다. 그래서 더욱 빛나고, 더욱 아깝다.

전동 휠체어는 무엇이 좋은지 다른 장애인들을 만나면 열심히 물어본다. 언젠가 나도 타야 하니까. 내 계획에 있는 것은 맞다.

나를 사랑하는
사람의 태도

내가 아는 젊은 여성 도예가 K는 시골로 다니면서 집을 얻어 작업실로 쓴다. 심심산골에 외딴집을 얻어 거기서 작업을 하는 것이다. 임대료를 내며 사는 집인데 그녀는 자신의 거처를 무척 사랑한다. 작업실을 얻으면 몇 달간 직접 페인트를 칠하고 인테리어를 다 뜯어고쳐서 완전히 새집으로 만든다. 지켜보고 있는 사람들은 남의 집 빌려 살면서 뭐 하는 짓이냐고 타박한다.

하지만 그녀는 말한다.

"내가 있는 공간이 내 맘에 들어야 해요."

고집스럽게 미소 짓는다. 보고 있는 내 입가에도 미소가 번진다.

나도 작업실을 여러 번 옮겼다. 처음 얻었던 작업실은 남양주의 배밭에 있었던 농가 문간방이었고, 두 번째 작업실은 워커힐에 있는 사회복지시설인 정립회관의 사무실이었다. 당연히 사무실 하나를 공짜로 빌려 쓰다 보니 냉난방이 제공되지 않았다.

난방이야 난로 하나 사다 놓으면 되는데 냉방이 문제였다. 나는 거금을 들여 벽걸이형 에어컨을 장착했다. 사람들은 당연히 내가 떠날 때는 그 에어컨을 떼어 갈 줄 알았다. 그러나 10년 뒤 그 사무실을 나오면서 나는 냉장고와 에어컨과 전자레인지 등등의 집기들을 그대로 두고 나왔다. 다음에 들어올 사람이 편안하게 쓰게 했다. 내 방도 아니고 내 집도 아니었지만 나는 필요한 책들만 챙겨 나왔다.

서예가 왕희지는 자기 집도 아닌 빌려 쓰는 집에 대나무를 심었다. 주위 사람들이 모두 그런 왕희지를 보고 비웃었다. 하지만 그는 말했다.

"차군 없이는 하루도 살 수가 없소이다."

차군이라는 것은 우리말로 하면 그대이다. 자기가 사는 곳에 대나무가 눈에 띄어서 행복하게 살 수 있다는 의미이다.

이 이야기의 중심에는 누가 있는가? 바로 내가 있다. 나를 존중하는 태도가 들어 있는 것이다. 도예가는 자기가 작업하는 공간이 마음에 들어야만 했다. 떠나면 그 장소는 누군가의 것이 되지만, 작업할 동안 많이 행복했으리라. 그거면 된 거다.

나 역시도 작업하는 동안 추위와 더위로부터 나 자신을 보호해 주어야 좋은 작품을 쓸 수 있다. 새로 옮겨가는 곳에 냉난방이 잘 된다면 굳이 그것을 욕심 사납게 끌고 갈 일은 아니다. 소중한 것은 나의 몸이고, 내 취향이면서, 나의 경험이고, 내 생각이다. 그것들이 진정한 내 재산이기에 누구도 가져갈 수 없다. 줄 수도 없고 뺏을 수도 없다. 나머지 것들은 누가 가지든 누구의 것이든 의미가 없다. 그렇기에 나는 존중과 사랑을 받는 존재이다. 나 스스로가 명품 인생이다. 명품인 나를 위해 대나무 하나 정도는 얼마든지 돈을 들여 심을 수 있다. 에어컨 정도는 언제건 벽에다 내 돈 들여 달 수 있어야 한다.

빌린 집을 새집처럼 수고를 끼쳐서 고치고 다듬을 수 있는 능력, 그런 것이 있는 사람이야말로 자신을 사랑하는 사람 아니겠는가.

학교에 강연을 가보면 공공 비품 등이 파손된 걸 종종 본다. 화장실만 보아도 변기가 깨져 있거나 천장에 물에 적신 휴지를 던져서 찰떡처럼 붙여 놓은 걸 발견한다. 자기가 다니는 학교의 비품은 남의 것이 아니라 자기 것이다. 화장실 수도가 얼어서 용변을 못 본다고 가정해보자. 누가 고통을 받는가. 내가 고통을 받으니 공공의 물건은 내 것이 맞다. 그런데도 남의 것이라 여기며 함부로 쓰고 문에 발길질하고, 유리창을 깨는 등의 행동은 나 자신을 함부로 대하는 행동과도 같다. 그대 없이는 살 수 없다는 마음으로 내 주변의 사람과 사물을 사랑하자.

나의 문장력 향상기

명색이 작가인 나는 애초에 형편없는 글솜씨를 가지고 있었지만, 국문과에 들어왔다. 그냥 대학생이 되려고 점수에 맞춰 들어온 것이다.

친구들과 동료들의 글을 보고 나서 충격을 받았다. 얼마나 감각적으로 글을 잘 쓰던지 부러웠다. 그래서 같은 학과에 있는 여학생들과도 편지를 자주 교환했다. 글쓰기 연습이라도 하는 듯 매일 말도 안 되는 사변적 어투로 편지를 써서 주고받았다. 지금 돌이켜보면 그런 일들이 내 문장력을 향상하는 데 제법 도움이 된 거 같다. 감성과 낭만이 그 안에 배어 있었기 때문이다. 그건 작가로서 꼭 필요한 부분이었다.

그리고 두 번째 요소로는 소설을 쓰겠다고 습작을 끊임없이 한 거였다. 지도교수인 J교수에게 매번 소설을 쓸 때마다 복사해서 주었다. J교수는 귀찮아하지 않고 빨간 펜으로 내 소설을 읽어주고 첨삭을 해 주었다. 첨삭해 준 지적들은 100% 다 공감이 되는 것들이었다.

'맞아. 그렇지.'

육하원칙과 개연성과 관념적인 내용을 다 점검해 주었다. 지금 생각해도 고마운 일이다. 다음 글에서는 체크로 지적받지 않으려고 노력하다 보니 계속 쓰는 나의 작품은 점점 빨간 줄이 줄어들었다. 그렇게 내 글솜씨는 천천히 성장했다.

그때 나는 믿는 것이 있었다.

'이렇게 지적받다 보면 어느 날은 지적할 게 없어질 거야.'

그뿐만 아니라, 문학전공도 도움이 되었다. 매일 써내는 리포트 논문. 이런 것들도 나의 문장력을 길러주었다. 졸렬한 문장이라도 쓰고 또 쓰다 보니 조금씩 다듬어지는 것이다. 길게 쓴 문장을 잘라 다시 읽으면서 고치고 또 고쳤다.

리포트를 쓰고 수정하는 것은 여자 친구에게 배웠다. 대학교 4학년 때 만났던 초등학교 동창이기도 했던 그녀는 리포트 하나를 쓰는데도 초고를 쓰고, 옮겨 쓰고, 읽고, 다시 쓰고 수정하면서 몇 번을 고치는 것이 아닌가. 그때 나는 비로소 알았다. 리포트의 효능은 바로 저런 것이라고. 한 편을 쓰더라도 정성껏 말이 되게 잘 못 된 부분은 고쳐가며 쓰는 거였다. 소설만 그렇게 고치는 줄 알던 나는 그 뒤로 리포트를 쓸 때도 몇 번을 읽고 수정해서 제출했다. 아니 모든 글은 그렇게 고치는 거였다.

그런 글 실력 향상은 대학원을 가며 일취월장했다. 나는 내 글 실력이 늘 것이라고 믿고 있었다. 검증할 길은 없었다. 계속 신춘문예에 떨어졌으니까. 그래도 포기하지 않았다. 어차피 글 쓰는 일을 평생 계속해야만 했다. 대학원 석사과정, 박사과정이라는 건 글 속에 파묻혀 사는 일이나 마찬가지였다. 끝없는 발표와 한없이 이어지는 세미나, 쏟아지는 리포트. 글 바다에 빠져 살았다고 해도 과언이 아니다. 거기에다가 나의 연애편지와 각종 감성적인 글까지 써 줘야 했기 때문이다.

나는 지금 개인적인 글쓰기 교실을 운영하고 있다. 이름은 〈문장아고라〉. 전국의 글쓰기를 원하는 학생, 주부, 직장인들이 줌을 이용해 나에게 글을 배운다. 그 가운데 H양은 중학생이다. 얼굴만 봐도 야무지게 생겼다. 2주에 한 번 하는 수업에 그 학생은 무섭게 글을 써온다. 내가 문제점을 지적하면 눈물을 뚝뚝 흘린다. 자신의 부족함이 뼈저리게 와닿는 모양이다.

그러면서 다음 수업에서는 좀 더 좋은 글을 써온다. 지적한 건 반드시 고쳐 온다. 소설가가 꿈이라는 H양은 학교 성적도 우수하다. 나는 그런 H양에게 거는 기대가 크다. 실력 향상엔 끝이 없기 때문이다. 계속 쓰고 고치고 노력하면 언젠가는 잘 쓸 수 있기 때문이다. 그리고 그렇게 노력하고 발전해가는 자신을 봄으로써 자신의 가능성을 믿게 된다.

대학원 다니던 어느 순간 J교수도 이제는 더는 손볼 데가 없다는 듯이 깨끗한 원고를 돌려주었다. 나는 끝없는 붉은 펜의 첨삭을 참아냈고 도전했으며 쉬지 않았다. 그것이 나의 갈 길을 정해줬고, 지금까지 글을 쓰는 원동력이 되었다.

거울 앞에서
내게 해 주는 말

우리 집 현관에는 거울이 있다. 전신 거울이다. 신발을 신은 뒤 휠체어를 타고 강연하러 갈 때는 꼭 그 거울을 보게 된다. 서 있는 사람까지 커버할 수 있는 키 큰 거울이지만 나는 휠체어에 앉아 있어서 아랫부분만으로 보이는 내 모습을 점검한다. 대개 옷매무새를 추스르려 걸어둔 거울이지만 나는 그것보다는 나 자신에게 신념을 불어넣기 위해 거울을 본다. 거울을 보며 나는 나에게 주먹을 불끈 쥐며 말한다.

"오늘도 즐기자!"

사실 나 같은 중증 장애인이 밖에 나가서 사람을 만나고 돌아다니면서 뭔가를 하고 온다는 건 쉬운 일이 아니다. 그것도 휠체어를 타고……. 때로는 KTX를 타야 하고, 때로는 내가 직접 운전해서 서울, 경기, 충청 지방에 강연하러 가기도 한다. 그게 아니라면 내가 쓰는 사무실에서 사람들을 만나거나 글쓰기 강의를 하기도 한다. 어쨌든 전력투구해야 할 일들이 바깥에서 나를 기다리고 있다. 그것도 한두 개가 아니라 서너 개씩.

직장인이라면 정해진 시간만 일하고 집에 돌아오면 되겠지만 나는 직장도 없지 않은가? 규칙적일 수 없다. 규정대로 이루어지는 일도 아니기에 상황에 맞춰 한없이 머리를 굴려야 한다. 피곤하기 짝이 없다. 육체적으로나 정신적으로.

즐겁게 여기지 않으면 해낼 수 없다. 일부러라도 즐겁다고 생각한다. 장애가 있는 내가 이렇게 많은 일을 하다니. 이 어찌 즐겁지 아니한가. 장애가 있는 내가 사람들을 만나고 그들이 내 이야기에 귀를 기울여주니 어찌 감사하지 않은가. 지치고 힘들어도 거울을 보면서 나는 나에게 말한다. 오늘도 즐겁게 잘 해 보자고. 나에게 격려를 해 주는 것이다. 내가 나에게 주는 격려보다 더 큰 힘이 되는 것은 없다. 왜냐하면, 나는 나를 잘 알기 때문이다.

그리고 두 번째로는 이거다.

"오늘도 잘하자."

집을 나서 목적지로 이동하는 동안 나는 그 사람을 왜 만나는지, 그 일을 왜 하는지, 오늘 강연에 무슨 이야기를 할 건지에 대해서 미리 생각한다. 아무 생각 없이, 아무 전략 없이 문제를 해결하거나 삶을 살 수는 없다.

'그래, 오늘은 학생들에게 장애인 친구를 하루에 한 가지씩만 도와주라고 이야기하는 거야.'

'글쓰기를 배우는 사람들에게 당장 연필을 들고 짧은 명언을 써보게 하자.'

'오늘 만나는 출판사 사장님에게 내 책을 꼭 출판하도록 설득을 해 보는 게 좋겠어.'

이런 식으로 그날 하루의 계획을 짠다. 좋게 말하면 계획이지만 좀 더 강하게 말하면 전략이다. 삶을 전쟁이라고 본다면 그 전쟁을 잘 수행하기 위한 준비인 셈이다. 여기에는 상대방이 어떻게 나올지에 따라 대응 전략까지 세워야 한다. 플랜 A가 실패하면 플랜 B를 준비한다.

이렇게 만반의 준비를 하고 가도 가끔은 예상치 못한 상황이 벌어지기도 한다. 그럴 땐 즐기면 된다. 앞서서 이야기하지 않았던 새로운 상황을 즐거워하면 된다. 재미있기 때문이다. '재미있다고 여기자'라고 생각하고 가면 상대방도 기뻐한다.

내가 자신을 만나기 전에 여러 가지를 준비해 오기 때문에 고맙고 반갑다고 이야기한다. 일이 잘될 수밖에 없다.

한번은 어느 학교에 강연하러 갔는데 학생들이 피켓을 들고 학교 정문 앞에서 나를 기다리는 게 아닌가. 피켓 내용을 보니 이랬다.

우윳빛깔 고정욱
고정욱샘 환영해요
베스트셀러작가 고정욱

이런 걸 들고 나를 맞이하니 내 기분은 하늘을 날아가는 것 같았다.

"너희들 누가 이거 만들라고 했어?"

강연장에서 학생들에게 물었다.

"우리 스스로 만들었어요."

"작가님 꼭 연예인 같아요."

선생님이 행여 시킨 건 아닌가 의심하며 또 물었다.

"이거 만드는 동안 어땠어?"

이구동성으로 대답했다.

"재미있었어요."

"만들면서 신났어요."

"아이돌 오는 줄 알았어요."

웃음이 났다. 나만 잘하면 되는 줄 알았는데 학생들도 잘하고 있었다. 나를 환영해줘서가 아니다. 자신이 할 수 있는 일을 스스로 찾아서 즐겁게 해낸 거다. 이 얼마나 기특한가.

꿈이 뭐냐고 물어도 모른다며 시들, 무슨 과목이 재미있냐고 물어도 점심시간이 가장 좋다며 무기력한 아이들도 있다. 하지만 이렇게 하루하루 알차게 채워가며 누가 시키지 않아도 스스로 아이디어를 내고 스스로 즐거움을 만들어내는 학생들도 있다. 오늘도 잘하자는 말은 스스로 자기 주도적으로 살자는 의미이다.

내가 부러워하던 것들

프랑크푸르트 원래 이름은 프랑크푸르트 암마인이다. '마인 강의 프랑크푸르트'라는 뜻이다.

나는 그 마인강을 급할 것 없다는 듯 건넜다. 강 건너에는 분위기 좋은 작은 레스토랑들이 있다. 그중 한 곳에 들어가 혼자 생선 스테이크를 시켜 먹으면서 여행의 감흥을 마음껏 즐겼다. 어릴 때 읽은 알프스의 소녀가 할아버지 곁을 강제로 떠나 살게 된 그곳 프랑크푸르트. 책에서 만난 도시를 이렇게 내가 직접 오다니. 누가 상상이라도 했겠는가? 휠체어 탄 장애인인 내가 이곳까지 와서 레스토랑에 들어와 혼자만의 식사를 즐길 줄.

대학교 때의 일이다. 붙어 다니던 우리 과 친구들이 어느 날 자신들끼리 설악산 등산을 다녀왔다. 물론 나는 그 사실을 알지 못했다. 나중에 그들이 다녀온 등산에 대해 나누는 이야기를 듣고 알게 되었다. 텐트를 짊어지고 갖은 고생을 하고 대청봉을 넘어갔다는 것이다. 그러면서 등산 가지 못한 나를 생각했는지 자기들끼리 조용히 사진 찍은 것을 나눠 보며 추억을 공유했다. 나는 한마디도 할 수 없었다. 그런 일은 여러 번 겪었다. 고등학교 시절 수학여행을 가지 못한 적도 있었고, 소풍에 빠진 경우도 많았다. 이유는 모두 나의 장애 때문이다.

어린 시절 나는 대문간에서 친구들이 골목길에서 노는 것을 구경해야만 하는 아이였다. 중고등학교 때는 창가에서 체육 시간이나 교련시간에 운동장에서 훈련받는 아이들만 바라보았다. 장애가 없었다면 나도 저렇게 목총을 들고 훈련을 받고 운동을 했을 것이다. 땀을 뻘뻘 흘리며 고생하는 아이들이 무척 부러웠다. 그런데 녀석들은 철없게도 편안하게 교실에서 쉰다고 나를 부러워했다.

어린 시절 친구들이 딴 동네 놀러 갔다 돌아오면 나는 그 아이들이 보고 온 것이 너무나 궁금해서 이것저것 물었다.

"그 동네는 무엇이 있든? 뭘 볼 만하든?"

아이들은 대수롭지 않게 말해 주었다.

"큰 개가 있었어."

마음껏 두 다리로 돌아다니며 신기한 것, 즐거운 것을 다 보고 다닐 수 있는 그 아이들을 보면 나는 읊조렸다.

"정말 부럽구나! 나도 가보고 싶은데."

사주를 보는 사람이 내 걸 짚어 보더니 역마살이 있다는 것이 아닌가. 전국을 돌아다녀야 한단다. 말도 안 되는 소리라고 했다. 그런데 작가가 되고. 글을 쓰고 책을 내면서 나는 소위 어떤 운명의 역마살을 드러내기 시작했다. 프랑크푸르트를 포함한 여러 나라 도서전도 갔다 왔다. 출판사에서 후원해 준 덕분에 세계 도서의 흐름을 보고 느끼고 알 수 있게 되었다.

프랑크푸르트는 언덕 하나 없이 평탄한 도시여서 이렇게 혼자 종일 휠체어를 타고 원하는 곳을 돌아다닐 수 있었다. 프랑크푸르트는 어려서 읽었던 알프스의 소녀 하이디에 나오는 도시다. 산속에 살던 순박한 소녀 하이디는 프랑크푸르트에서 부잣집 딸인 클라라의 말 상대 노릇을 하게 된다. 대도시에 갇혀 지내던 하이디는 자연의 건강함을 잃어버리고 산을 그리워하다 향수병에 걸리고 만다. 그래서 다시 알프스로 돌아가면서 밝음을 되찾고 모두 행복해진다는 줄거리는 다 알 것이다. 그러면서 장애를 가졌던 클라라도 건강해지는 기쁨을 나누게 된다.

그랬던 프랑크푸르트를 내가 간 거다. 휠체어 탄 장애인이⋯⋯. 문간에 앉아 장애인으로서 동네 아이들이 옆 동네 가는 걸 부러워하던 나였다. 그랬던 내가 그들을 부러워하던 시절은 온데간데없다. 부러워했던 친구들이 이제는 모두 다 정년 퇴직을 했다. 하나씩 둘씩 옷을 벗고 집에서 쉰다. 오히려 전국을 강연 다니는 나를 그들은 부러워한다.

지금 주위의 친구들을 둘러보고 위축되거나 기죽은 청소년들을 많이 본다. 다양한 비교 거리로 상처를 주는 세상이다. 성적, 외모, 가정형편⋯⋯. 결핍을 가진 사람은 주위와 자신을 비교해 상처를 입고, 더욱 쪼그라든다. 한 마디로 병에 걸리는 거다.

하지만 비교하지 말고, 부러워하지 말자. 나 자신은 그 자체로 소중하다. 사람은 살면서 수백만 가지 측면에서 볼 수 있다. 그중 일부의 면만을 가지고 스스로 움츠러들 필요는 없다. 설령 지금 부럽다 해도 나중에 어찌 될지 모르는 일이다. 삶은 길다. 지금 희망으로 주어진 여건에서 최선을 다하고 있으면 언제 전세가 역전될지 모른다. 내 인생의 극장 골을 넣지 말라는 법도 없다.

나를 억제하는 세 가지 말

코로나가 번지자 사람들이 나에게 문의를 많이 한다.

"선생님. 글 좀 가르쳐 주세요."

"책을 내고 싶어요."

그들은 글을 써서 자기계발을 하고 싶은 사람들이다. 그 가운데는 글을 많이 써본 사람도 있고, 이제 막 써 보려는 초심자도 있다. 초등학생부터 성인까지 다양한 사람들이 글쓰기 교실에 등록해서 나에게 글을 배운다.

이들에게는 묘한 공통점이 있다. 주로 그들이 하는 이야기는 세 가지로 압축이 된다.

대부분의 사람들이 처음에 하는 말은 부정적인 말이다

"저 글 잘 못 써요. 어떻게 하죠?"

"글을 어떻게 소리 내서 읽어요? 부끄럽게…. 못해요."

아니, 그래서 글을 배우러 온 사람이 뭔가를 숙제로 내주면 못 한다는 부정적인 말만 쏟아낸다.

부정적인 말에는 놀라운 기능이 있다. 노력하지 못하게 하고 의욕을 꺾는 마법이다. 그런 말을 하는 사람들은 흔히 그것을 겸손이라고 생각한다. 그러나 그건 큰 오해다. 이 세상에 겸손은 모든 것을 가진 사람들에게 필요한 덕목이다. 이미 최고가 된 사람들에게만 통하는 미덕이다. 성장하고 도전하는 사람에게 겸손은 해당 사항이 없다. 기회만 있으면 뭔가 해 보려고 하고 자신이 최고라고 끊임없이 암시해야 한다. 오히려 초심자에게는 오만이 필요하다.

"나는 글쓰기를 사랑한다. 나는 최고다. 나를 이길 사람은 아무도 없다."

현실은 비록 그렇지 못해도 그런 말을 통해서 자신을 북돋고 일깨워 주어야 한다. 글쓰기는 워낙 힘든 분야이기 때문이다. 시작하면서부터 못 한다, 안 된다는 말만 하면 어떻게 노력을 할 것인가? 잘할 수 있다고 해도 해내기가 힘든 게 글쓰기이고 자기계발이다. 해 보기도 전에 내 기를 죽이는 부정적인 말은 절대 하지 않는 것이 좋다. 그런 말들은 나를 죽이는 말이 되기 때문이다.

두 번째로 글쓰기 교실에서 나이든 수강생들이 주로 하는 말은 옛날이야기다. '라떼는 말이야'라고도 표현되는 꼰대들의 전매특허이다. 지금 현재 자신이 내세울 것이 없다 보니 옛날 화려했던 시절을 자꾸 말하려고 한다. 그들이 하는 옛날이야기는 자신이 생각할 때 최고로 명예롭고 영광스러웠던 순간에 고정되어 있다. 한 마디로 과거에 빠져있는 것이다. 그걸 회고하면 행복해진다.

그렇지만 그 시절의 행복에 빠져 있는 것이 지금 무슨 의미가 있나? 지금 행복해야지 않는가? 지금 건강해야 하고 지금 즐거워야 한다. 과거 영화에만 빠져 있으면 미래의 영화를 볼 수가 없다. 이는 마치 고개를 뒤로 돌리고서는 절대 앞으로 나아갈 수 없는 것과 같은 이치이다. 우리는 늘 앞을 보아야 한다. 아무리 나이를 먹었어도 인간은 앞을 향해 나아가고 있다.

세 번째 이야기는 남과 비교하는 말이다.

"아무개는 벌써 책 냈대요."

"어떤 책은 베스트셀러가 되어서 돈 많이 번대요."

불행의 시작은 바로 남과의 비교에서 온다. 그 이유는 주로 자신보다 못한 사람이 아니라 나은 사람에게 비교하기 때문이다. 게다가 나는 하나인데 비교 대상은 이 세상에 퍼져 있는 뛰어난 사람들이다. 당연히 백전백패다. 이렇게 비교하고 백전백패가 되어서는 자존감이 남아나지 않는다. 하려는 일이 전부 의미 없어 보인다. 남의 삶이 내 삶에 무슨 의미가 있단 말인가? 비교를 통해서 분발한 사람이 몇 명이나 있다는 것인가?

우리는 각자 개인의 삶을 살 뿐이다. 산을 오르면 자기가 원하는 코스, 선택한 코스로 산을 오르면 된다. 친구들이 조금 평탄한 길을 택했다고 그 사람의 길로 옮겨서 갈 수는 없지 않은가?

에너지 총량의 법칙이 있다. 정상을 오르려면 완만한 길로는 죽도록 오래 가야 하고 급경사로는 거리는 짧지만 큰 힘을 써야 한다. 결국, 같은 에너지를 써야만 정상에 오른다. 수고의 총량은 똑같다. 지구력이 좋으면 완만한 길, 순발력이 좋으면 경사가 급한 길로 가면 된다.

인생에는 나의 갈 길이 있고, 나의 정상은 내 앞에 있다. 비교하고 옆을 볼 시간에 나를 보고 앞을 향해 달려가야만 한다.

강연하러 어느 특성화고에 갔더니 이런 말이 벽에 적혀 있었다.

1,2,3등급은 치킨 시키고
4,5,6등급은 치킨 튀기고
7,8,9등급은 치킨 배달한다

학생들에게 정신 차리라고 써놓은 개그 같지만, 이 말은 참 생각해볼 게 많은 것이다. 성적대로 직업의 귀천이 나뉜다는 의미인데 따지고 보면 남과 비교하며 현실을 부정하는 의미이다. 치킨은 누구나 시킬 수 있다. 어디 그뿐인가. 대기업 나온 사람도 치킨집을 차려 사장님 되는 게 꿈이다. 그리고 배달하는 사람은 지금 어느 회사 다니는 사람보다 돈을 잘 벌고, 없어서 사람을 못 구한다. 강남의 배달원은 극히 일부겠지만 월수입이 1,300만 원이라고 한다.

나를 억제하는 말은 더이상 옳지 않다. 그럴 시간에 나의 길을 가야 한다. 치킨은 먹고 싶을 때 시키면 되고, 맛있게 누구나 튀기면 되고, 하나라도 더 배달해서 돈을 벌면 된다.

내 인생을 만든
가장 중요한 배움

사람들은 내가 장애인이라서 어렸을 때부터 부모님의 사랑과 관심을 받으며 귀하게 자란 줄 알고 있다. 물론 사실이다. 누구나 아픈 손가락에 더 애정이 가는 법이니까.

하지만 아프다고 감싸주고 오냐오냐만 했다면 오늘날의 나는 없었을 것이다. 특히 나는 이 세상에서 알아야 할 모든 것을 거의 초등학교 1학년 때 다 알았다. 유치원을 다니지 않았기 때문에 유치원에서 배워야 할 것들을 알지 못했다.

취학통지서가 와서 학교에 가게 된 날이었다. 어머님이 업어다가 나를 교실에 놓고 집에 돌아가 있는 동안 나는 선생님과 아이들이 있는 사회라는 곳에 몸을 던졌다. 제일 먼저 학교에서 하는 일은 출석을 부르는 일이었다. 선생님이 아이들의 이름을 부르는데 1학년이어서인지 학교 오는 게 적응 안 되는 애들이 좀 있었다. 간간이 이가 빠진 것처럼 대답을 안 하는 것이다. 그러면 다른 아이들이 말했다.

"김태식 결석이에요."

결석이라는 놀라운 단어를 말하게 만드는 아이들이 있는 것이 아닌가? 학교는 이렇게 빠지는 아이들도 있는 곳이었다. 그렇게 며칠 다녀보니 학교라는 게 뻔했다. 나는 이미 한글을 터득하고 있었다. 미리 시중에 나온 동화책을 수없이 읽는 등, 본의 아닌 선행학습을 했기 때문인지 학교 수업이 영 재미가 없었다. 어머니가 업고 학교 다니는 것도 짠하고 미안했다.

하루는 아침에 어머니에게 무심코 말했다.

"엄마, 나 학교 안 갈래."

"왜?"

어머니가 깜짝 놀라 물었다.

"학교에 안 오는 애들도 많던데?"

그 순간이었다. 어머니는 갑자기 주변에 있는 빨랫감과 베갯잇 등을 내게 마구 집어던지면서 호통을 쳤다.

"이놈의 자식이, 사람 되라고 다니는 학교를 안 간다고? 학교는 그렇게 함부로 빠지는 곳이 아니야!"

어머니에게 예상치 못했던 꾸지람을 듣자 나는 정신이 번쩍 들었다.

"갈게요, 갈게요."

나는 두 손이 발이 되도록 싹싹 빌었다.

"한 번만 더 안 간다고 그래 봐?"

어머니는 분이 안 풀리셨는지 업고 가던 내 엉덩이를 몇 번 더 꼬집었다. 아프진 않았지만, 학교 안 가겠다고 말하는 게 상당히 심각한 문제라는 사실을 나는 비로소 깨달았다. 그 결과 나는 초 · 중 · 고를 합쳐 12년 개근상을 받았다. 지금도 직장을 열심히 안 가거나 툭하면 결석, 지각하는 사람을 보면 때려주고 싶다. 하늘이 원망스럽다.

'하늘이시여! 저렇게 게으른 자와 나의 몸을 바꿔 주십시오. 내가 더 열심히 사회를 위해 뛰겠습니다.'

이런 엉뚱한 생각도 해 보지만, 누구도 내 몸을 그자와 바꿔 주지는 않는다. 성실하게 한번 시작한 일은 빠지지 않고 꾀병 부리지 않고 열심히 하는 습성은 바로 초등학교 1학년 때 첫째 주에 든 습관이었다. 평생 나를 지탱해 주는 소중한 습관.

두 번째 폭탄은 그다음 주쯤에 터졌다. 내가 학교 다닐 때 우리 집에서 같이 살림을 도와주는 사촌 누나가 있었다. 정희 누나. 이 누나는 내가 귀여웠는지 학교에 갔다 와서 가방을 던져

놓으면 다음 날 수업 시간표로 갈아 주었다. 다음날 학교 가서 가방을 열면 국어, 산수, 사회, 자연이 착착 나온다. 나는 그런 편의를 활용해 공부하면 되는 것이었다.

그런데 어느 날 누나가 시간표대로 바꿔 주지 않아 어제 시간표의 책이 고스란히 가방에 들어 있는 것이 아닌가. 아이들이 모두 교과서를 꺼낼 때 나는 사회와 자연 과목이 없었다.

"에이, 이게 뭐야!"

화가 잔뜩 났다. 집에 돌아오자마자 누나한테 잔소리를 했다.

"누나가 시간표 안 바꿔 줘서 오늘 학교에서 공부를 못 했잖아."

누나는 어쩔 줄 몰라 했다.

"정욱아, 미안해. 누나가 바빴어. 내일 꼭 잘 바꿔 줄게."

그 순간이었다. 이를 지켜보던 어머니에게서 또다시 불호령이 떨어졌다.

"네 수업 시간표는 네가 바꿔야지, 왜 누나를 시키는 거야? 이놈의 자식 안 되겠네."

정신이 또다시 번쩍 들었다. 맞다. 시간표는 내가 갈아야 하는 것이었다. 눈물 찔끔찔끔 짜면서 나는 시간표대로 책과 공책을 집어넣었다. 그 뒤로는 한 번도 내 가방 준비물을 남에게 부탁해 본 적이 없다.

지금도 해외여행을 갈 때 다른 사람들은 아내가 싹 다 싸주면 그 짐만 들고 간다는 사람이 있는데 나는 상상도 할 수 없다. 내게 필요한 짐은 내가 싸야 하고, 내 가방과 내 물건은 내가 챙겨야 한다. 가끔 강연 가보면 내가 들고 간 가방을 들어주겠다는 분들이 나선다.

　"선생님. 휠체어 타고 오셨는데 가방 들어 드릴게요."
　용납할 수 없는 일이다. 내 가방 안에 핸드폰, 다이어리, 필기구, 사인펜, 명함, 프로그램, 각종 USB 등등이 들어 있는데 이걸 남에게 맡기는 순간 나는 무장해제 되는 것이다.
　"아닙니다. 제 가방은 제가 가지고 다니겠습니다."
　장애인을 보니 뭔가 도와주고 싶어 하는 마음은 이해하지만 내 가방까지 들어주겠다고 하는 건 조금은 곤란했다.
　특성화 고등학교 졸업자를 바로 공기업에 채용하라는 정책이 과거에 시행된 적이 있었다. 정말이지 경천동지할 일이다. 대학을 나와서 몇 년을 공부해도 들어가기 힘든 공기업이 아닌가.
　"작가님, 저희가 어떤 학생 추천하는지 아십니까?"
　대구의 어느 특성화 고등학교 강연을 하러 갔을 때 교장 선생님이 나에게 물었다.
　"글쎄요. 공부 잘하는 학생이겠죠?"

"아닙니다."

나는 순간 놀랐다. 성적이 아니라니.

"저희는 먼저 출결을 봅니다. 툭하면 학교 안 나오고, 제멋대로 생활한 불성실한 학생을 추천했다가 그 좋은 기업에서 얼마 못 버티고 나가 버리면 그런 학생 추천한 저희는 뭐가 되겠습니까?"

"아니, 그러면 성실하지만, 공부를 잘 못한 아이들은 회사 가서 업무 능력이 떨어지지 않을까요?"

"그렇지 않습니다. 어차피 회사 가면 다 다시 배워야 합니다. 그렇지만 근면 성실은 단기간에 배워서 되는 게 아닙니다."

놀라운 가르침이었다. 성실한 습성은 어렸을 때 생기는 거다. 학교를 우습게 알면 직장을 우습게 알고, 그러다 가정을, 가족을 우습게 알다 마지막엔 자신을 우습게 여기는 하찮은 사람이 되는 거였다.

초등학교 1학년 때 내가 배운 건 내 인생은 내가 정성껏 챙기는 성실이었다.

제3장

공부가 나를 강하게 만든다

책은 새 책을 사야 한다

"아니, 이걸 책이라고 할 수 있나?"

어떤 출판사에서 보내온 청소년 소설이 웬만한 수첩 정도의 크기였다. 한 손에 쏙 들어올 뿐 아니라 두께도 얇았다. 글자를 아무리 계산해 보아도 200자 원고지 50매를 넘지 않는 짧은 분량이다. 단편도 아니고 그렇다고 꽁트도 아닌 새로운 형식이다.

나는 순간 감이 왔다. 요즘 청소년들이 기존의 두꺼운 책들을 얼마나 읽기 거북해하는지 알기 때문이다. 일단 글밥이 많은 것에서 청소년들은 책을 손에 들면 주눅이 든다. 그걸 붙잡고 앉아서 글자 하나하나 읽으면서 내용을 이해할 정도로 독서습관이 깊이 박혀 있지 않기 때문이다. 문해력도 낮다. 그런 학생들에게 독서능력을 높여라, 참을성을 가져라, 그러면서 부담스러운 독서로 이끄는 것이 아니라 수준에 맞는 재미있는 책을 만들어주겠다는 의도를 충분히 이해할 수 있었다. 이른바 기존의 패러다임을 바꾸는 새 책들이 나오기 시작하는 거다.

대학 시절에 보던 책들을 오랫동안 끌어안고 있었다. 물론 학술서적들은 수시로 버리면서 유지했지만, 아직도 기본적인 책들은 책장 안에 많이 꽂혀 있다. 주로 인문학 관련 책이다. 역사, 문학, 고전 등등의 책들, 비싼 장정에 훌륭한 필자들이 쓴 책이 내 서재를 장식했다.

오랜 시간이 지나도 변하지 않을 책이라고 생각하고 꽂아둔 것이며, 몇 번을 이사할 때도 가지고 다녔다. 그 책들은 나에게 절대적으로 필요한 것이기도 했다. 비록 내가 동화나 소설을 쓰지만, 말도 안 되는 엉터리 이야기를 써서 먹고 사는 건 아니기 때문이다. 내가 쓰려는 소재와 이야기도 치열한 논고를 해야 하고, 학설에 입각한 해석을 해야 하기 때문이다.

예를 들어 장영실 같은 위인전을 쓸 때 사람들이 대부분 장영실은 천재라고 했다. 하지만 나는 그 생각에 의문을 가졌다. 그 역사책 가운데 장영실은 왕조실록에 분명히 중국 상인의 아들이라고 기록되어 있는 것이 아닌가. 이러한 새로운 사실은 내가 가지고 있는 책과 자료에서 찾아낼 수밖에 없다. 자료의 소중함은 바로 그런 것이다. 가지고 있으면 언제든지 꺼내서 볼 수 있다는 장점. 그런 자료를 찾아낼 수 있고 내 것으로 만들 수 있는 게 공부이고 실력이긴 하다.

그러나 어느 순간부터 내가 가진 자료에 회의가 느껴지기 시작했다. 그 책을 샀던 시점에 핫했던 이야기들이 이제는 화석이 되어 남아 있을 뿐이다. 80~90년대, 2000~2010년대의 지식과 정보는 당시에는 뜨거운 이야기였지만 지금 보니 다 낡은 것이 되고 말았다. 속된 말로 너무 올드하다. 한물간 이야기인 것이다. 과거의 책은 컴퓨터도 모르고 새로운 정보혁명과 4차 산업에 대해서도 한마디도 언급이 되어 있지 않다. 무섭게 변하는 시대의 한 장면을 비추고 나서 책들은 이미 장렬히 전사한 거다.

'아, 이래서 책을 버리는 거구나.'

그때부터 나는 책에 대한 미련을 많이 없앴다.

내가 알고 있었던 지식은 과거의 지식이다. 끊임없이 새로운 공부를 해야만 하는 것이다. 세상은 변한다. 사람들도 변한다. 그것을 우리는 막을 수 없다. 변화하는 세상을 잘 알고 헤쳐 나가려고 필요한 것이 공부다. 변화를 두려워하지 않고 변화를

받아들이는 자세가 필요하다. 어린이, 청소년들이 변화에 능동적으로 대처해야 하는 이유는 바로 그들이 먼 훗날 이 사회를 짊어지고 나갈 새로운 사람들이기 때문이다.

내 삶에 대한 예의, 공부

"8등이다."

담임선생님이 나에게 나눠준 성적표였다. 중학교 올라가 처음으로 받은 성적표가 반에서 8등. 충격이 아닐 수 없었다. 초등학교 때까지 나의 성적은 상위권이었다. 전교 1등도 여러 번 했고, 반에서 1등 정도는 어렵지 않게 할 수 있었다.

하지만 그때까지 나는 공부를 하는 것이 무엇인지 잘 몰랐다. 한마디로 다양한 독서력과 문해력, 그리고 기억력에 의존해서 시험공부를 했고 그걸로 성적을 냈던 것이다. 다시 말해 주입식 암기 공부를 해 본 적은 없었다.

문제는 중학교에 갔을 때였다. 인생이 그러하듯 상급 학교로 올라가는 건 삶의 단계가 바뀌는 거다. 단계가 바뀌면 수준이 올라간다. 발전은 계단식인 것이다. 초등학교 때 하던 식으로 적당히 책을 읽고 적당히 머리를 쓰며 시험을 보았는데 첫 시험 결과는 충격이었다. 교과서에 있는 세세하고 세밀한 것까지도 시험 문제로 나오는 것이 아닌가? 심지어 문제도 초등학교는 존댓말이었는데 중학교부터는 반말이었다.

'다음 공식의 잘못된 점을 골라라.'

낮춤말 질문에 쉽게 적응하기도 어려웠다. 초등학교 때는 그렇게까지 자세한 걸 물어보는 시험 문제를 풀어본 적이 없었다. 커다란 줄기만 알아도 되는 것이었다. 뒤통수 한 대 맞은 그 결과가 8등이었다.

학교 성적을 중시하는 아버지에게서 불호령이 떨어진 것은 당연했다. 하지만 나는 그때 아버지께 말했다.

"아버지, 다음 성적을 올릴 수 있어요."

"뭘 믿고?"

"어떻게 하는지 알았어요."

나는 내가 한 말에 약속을 지켰다. 다음 시험이 오기 전까지 나는 교과서를 달달 외우기 시작했다. 중학교에서의 공부라는 것은 교과서 내용을 익히고 문제를 푸는 것임을 알았다. 나는 평소에 외우는 것을 좋아하지는 않는다. 하지만 외워야만 성적이 올라가고 외워야 인정을 받는다면 외울 수밖에 없었다, 그 뒤에 성적은 6등으로 올라갔고, 계속 조금씩 상승했다. 초등학교 때 대충 하던 공부 버릇을 완전히 바꾸는데, 1년이 걸렸다. 주입식 교육을 철저하게 받아들인 거였다. 그러나 생각했던 것만큼의 뛰어난 성적은 나오질 않았다. 다른 아이들도 중학생이 되니 대부분 공부했기 때문이다.

그렇지만 지금도 나는 이야기할 수 있다. 외우는 것도 공부의 일부라고. 창의성, 융복합, 아이디어. 이런 이야기를 사람들은 많이 한다. 맞는 이야기다. 교육은 창의성을 북돋아야 하고 기존의 지식과 경험을 보다 나은 것으로 만들 수 있어야 한다.

하지만 재료가 있어야 할 것이 아닌가? 재료를 어떻게 섞느냐에 따라서 융복합이 일어난다. 그러니 재료 없이는 아무것도 할 수가 없다. 기존의 것들을 뒤집는 새로운 아이디어를 만들려면 기존의 것을 갖고 있어야 한다. **공식 하나 외우지 못하고, 원소 주기율표도 모르는데 어떻게 화학적인 아이디어와 창의성을 발휘할 것인가.**

나의 베스트셀러인 〈까칠한 재석이〉 시리즈는 매년 한 권씩 주제를 바꿔 가면서 발간되고 있다. 지금 쓰고 있는 것은 청소년들이 가장 버거워하는 '공부'에 관한 주제이다. 청소년의 고민 가운데 절대 우위에 있는 공부. 이번에는 '공부에 관한 생각'을 소설로 옮기려고 관련한 자료를 읽어 보았다. 책 제목도 기기묘묘하다. 〈서울대 가는 법〉, 〈수능 만점〉, 〈꼴찌에서 1등까지〉 등등.

내가 놀란 건 그 제목이 아니었다. 책이 소개하는 공부법은 과거에 생각하던 나의 공부와는 하늘과 땅처럼 달랐다. 요즘은 단순히 과목마다 따로 파는 게 아니었다. 과목이 서로 연결되어 있었고, 시험 문제도 그렇게 나왔다. 공부법도 많이 달라졌다. 우리 때는 없던 인터넷 강의가 생겼고, 야간자율학습에 수시, 특기자 입학에 재수 삼수도 아닌 반수에…… 성적을 내거나 합산하고 대학교 가는 방법이 다 달라졌다. 무려 수천 가지의 전형이 있다고 하는 것이 아닌가.

혼란스러웠다. 하지만 공부해야 하는 근본은 변함이 없다. 지식을 탐구하고 자신의 삶에 관한 문제를 더 슬기롭게 해결하는 것이 공부이다. 새로운 것을 찾아내서 자신의 삶을 개선하고 좀 더 나은 것으로 만드는 방법, 무지를 벗는 것이 공부이다. 이것은 인간이 살아가는 동안은 떼어낼 수 없는 것이다. 다만 방법만이 바뀔 뿐이다. 새로운 방법을 받아들이고 지혜롭게 공부한 사람들의 이야기를 귀 기울여 잘 듣는 것, 그것이 내 삶을 보다 나은 것으로 개선해나가는 지름길이다.

루틴이 나를 강하게 만든다

중학교 2학년쯤 되었을 때 일이다. 공부는 열심히 하는데 시험 때마다 밤을 새우다시피 공부하고 피곤으로 절어 있는 것이 괴로웠다.

어느 날 문득 나는 생각했다.

'굳이 이렇게 힘들게 공부를 해야 하나?'

그때 선생님이 가끔 하시던 말씀이 생각났다.

"공부는 평소에 하는 거야. 언제 쪽지시험을 봐도 100점 맞을 수 있게 공부해야지."

그 말은 무슨 뜻일까 생각해 본 결과 나는 놀라운 깨달음을 얻었다. 평범 속에 진리가 있었다. 그저 예습 복습을 철저히 하면 되는 거였다. 다음날 무슨 과목을 공부하는지 미리 공부해 가는 것, 그리고 수업을 듣고 나서는 최대한 신속하게 그날 내가 배운 거 제대로 익혔는지 확인하는 것, 이것이 예습과 복습이었다.

선생님이 가르치는 수업을 확인하는 과정이 복습이었다. 예습과 복습만 하면 시험 때 공부 하지 않아도 좋은 성적을 낼 수 있고, 학업성취도 높아지리라는 아주 단순하면서도 분명한 만고의 진리를 깨달았다. 그때부터 예습과 복습을 하려고 시간 안배를 하며 학교에 다녀와서도 예습 · 복습을 하며 지냈다. 성적은 계속 올라가고 공부하는 법에 대해서 조금씩 알게 되면서 재미가 붙었다.

하지만 조금 더 해 보니 다른 아이디어가 떠오르는 것이었다. 집중해서 수업을 들으면 예습한 것과 복습한 것들이 머릿속에서 일목요연하게 정리가 된다.

'이것을 노는 시간에 하는 방법은 없을까?'

순간 나는 다음 수업이 시작되기 전 쉬는 시간에 읽을 부분을 먼저 읽어 보았다. 눈으로 읽고 내용을 파악하는 것은 5분도 채 안 걸렸다. 5분만 읽어 봐도 선생님이 수업하는 것이 바로 이해가 되었다. 5분 동안 예습한 것에서 이해 못 한 것은 선생님의 설명을 듣고 이해할 수 있었다.

그러면 복습은 어떻게 할 것인가? 수업이 끝나고 반장의 구령에 맞춰 선생님이 인사를 받고 나가면 그때부터 바로 복습 시간이었다. 노트 필기한 걸 다시 한번 읽어 보고, 책장에 밑줄 친 것을 1분 안에 읽어만 보아도 머릿속에 많은 것이 남는다.

5분 복습, 5분 예습이라는 나만의 아이디어가 이때 생겼다. 물론 화장실을 다녀올 땐 어쩔 수가 없지만, 화장실 가지 않을 때는 5분 복습과 5분 예습을 지키려고 애를 썼다. 학교에 있을 때는 가능한 학습을 생활화하는 것이다. **나누어서 멀리 보고 짬짬이 조금씩 하면 힘들고 어려울 일이 없다. 태산도 한 삽씩 떠서 나르기 시작하면 옮길 수 있는 것이다.**

그리고 또 하나의 꿀팁은 이거다. 해야 할 일을 리스트로 만들어 보는 방법이다. 그날 할 공부, 반드시 풀어야 할 문제집, 그리고 해야 할 숙제 등을 나열해 보면 빨리할 수 있으며 쉬운 것부터, 하기 싫고 어려우며 까다로운 것이 순서대로 정리가 될 수 있다. 이때 대부분 사람은 쉬운 일부터 한다. 쉬운 일을 하면서 집중력을 탕진하고 에너지를 쏟아 부으면 남아 있는 어려운 일은 하기가 싫어진다. 인지상정이다.

그렇기에 나는 어려운 일부터 먼저 해치운다. 에너지를 많이 들이고 나서 에너지가 조금밖에 남지 않았을 때 나머지 쉽고 재밌는 숙제를 하거나 공부를 한다. 이렇게 하면 하려던 공부 계획을 다 마무리할 수 있으며 조금씩 매일 공부를 해내게 되니 시험 기간에 밤을 새우며 무리하는 일은 줄어들 수 있다. 이것은 삶의 지혜이다. 힘들고 어려운 일을 먼저 하는 것.

그리고 무조건 열심히만 판다고 되는 게 아니다. 시험에 잘 나오는 것을 꿰뚫어야 한다. 시험 문제 푸는 사람의 입장이 아니라 나를 골탕 먹이려는 시험 출제자의 입장이 되어 보는 것이 좋다. 그러면 당연히 어떤 게 중요한지, 무엇을 출제할지 짐작할 수 있게 된다.

또한, 선생님들은 수업 시간에 농담을 한다. 그런데 가만히 보면 그 농담은 꼭 뭔가 의도가 있는 농담이다. 웃고 떠들라는 게 아니다. 그 농담을 하는 이유를 잘 살피면 거기에 중요한 포인트가 있다. 하나라도 제자들에게 기억시키고 싶은 마음에 그렇게 농담을 하는 거다.

마지막으로는 공부 잘하는 아이들에게 다가가 너라면 어떤 문제가 나올 것 같냐고 두어 문제 찍어 달라고 하는 거다. 우등생들은 대개 뭐가 나올지 알고 있다. 그렇기에 꼭 시험에 나올 만한 문제들을 선선히 짚어 준다. 무식하게 혼자 공부하지 말고 이렇게 요령을 알게 되면 쉽게 공부하면서 성적도 올릴 수 있다.

사람들은 내가 우리나라에서 책을 제일 많이 냈다고 놀란다. 330권(2022년 현재) 어느 시간에 그렇게 책을 썼느냐는 것이다. 원리는 간단하다. 내 삶의 기본을 책 쓰기로 바꿔 놓았기 때문이다.

가정주부가 아침부터 저녁까지 기본적으로 살림을 하고 남는 시간에 친구도 만나고, 독서를 하거나 드라마를 보는 것처럼 나는 아침에 눈을 뜨면 기본적으로 글을 쓰면서 틈틈이 사람을 만나거나 업무를 보게 된다. 따로 글 쓰는 시간을 내지 않는 것이다. 우등생은 따로 공부할 시간을 만들지 않는 것과 마찬가지라 하겠다.

정성으로 키우는 공부

"고정욱 씨 아니세요?"

"맞는데요?"

대학교 4학년 때. 중간고사를 준비하려고 대학 도서관 열람실에서 열심히 공부하고 있던 나를 낯선 여자가 아는 체했다.

"저는 국민학교(초등학교) 때……."

국민학교라는 말을 나는 국문학과로 잘못 들었다. 우리 과 후배 여학생인 줄 알았다.

"아, 네. 1학년 신입생인가요?"

국문과생들은 대부분 내가 알았기에 낯선 여자라면 1학년일 가능성이 높았다. 아직 후배들 얼굴을 다 익히지 못했기 때문이다.

"아니, 국문학과가 아니고요. 국민학교 1학년 때 짝이었는데요."

"아!"

그녀는 내 초등학교 1학년 때 짝이었다. 또렷이 기억이 났다. 심술부리고 못됐던 내가 책상에 금을 그어 놓고 넘어 오지 말라고 티격태격했던 기억이.

그녀는 직장 생활을 하다가 뒤늦게 대학에 입학한 대학생이었다. 한마디로 공부가 하고 싶어 대학에 들어온 경우였다. 인문계를 나와 곧바로 대학에 들어온 학생들은 공부는 그저 해야 하는 것으로 알고 있다. 관성에 의해 공부하다 대학까지 온다. 내가 대학생일 때만 해도 또래의 동년배 중에 대학생은 숫자가 10%도 되지 않았다. 한마디로 대학은 선택받은 자만이 가는 곳이었다.

그녀는 실업계 고등학교를 나와 은행에서 직장 생활을 하다가 뒤늦게 대학을 가야겠다고 결심한 경우였다. 그 뒤 그녀와 나는 서로 사귀는 관계가 되었다. 야간강의를 듣고 있는 그녀와 주간에 다니는 내가 학교에서 사이좋게 데이트를 할 때 나는 그녀에게서 놀라운 사실을 발견했다.

직장을 다니지 않기 때문에 낮에 시간이 많이 남는 그녀였다. 아침 일찍 학교에 와서 오후 6시부터 시작되는 야간 강좌를 듣기 위해 종일 열람실에서 책을 읽거나 리포트를 쓰고 공부를 하는 것이 아닌가?

그때까지 나는 4학년이 되도록 공부에 정성을 들여서 해 본적이 별로 없었다. 그저 주어진 과목은 적당히 공부하고, 리포트를 내고 도서관에 가서 참고자료를 찾는 정도였다. 하지만 그녀의 태도는 달랐다. 교수가 리포트를 내주면 한 달 전부터 리포트 쓸 준비를 하는 것이 아닌가? 관계되는 지식과 정보를 얻기 위해 시간 날 때마다 도서관에 가서 참고자료와 도서를 대출받아 꼼꼼히 읽었다. 충분히 읽었다고 생각이 되면 그다음에는 개요를 작성하고 연필로 이면지에 리포트를 썼다. 연필로 쓴 리포트를 또 지우고 다시 쓰기를 거듭한 뒤에 비로소 리포트 용지에 옮겨 적는다. 옮겨 적고 나서는 또 국문과 학생인 나에게 보여주며 문장이 잘못되거나 내용이 어색한 부분이 있는지 물어보곤 했다. 한마디로 한 장의 리포트를 위해 시간을 엄청나게 투자하는 거였다. 내가 줄 수 있는 도움은 각주를 다는 방법이나 목차를 짜는 법, 이런 정도였다.

공부하는 것은 정성이 필요하다. 일단 계획표부터 정성껏 잘 짜야 한다. 여기서 주의할 것은 하루에 한두 과목만 우직하게 공부하는 건 나에게 맞지 않았다. 인간의 집중력은 50분이 한

계다. 그 말은 조금 공부하고 나면 싫증이 나고 더는 머리에 들어가지 않는다는 의미다. 그렇기에 계획을 짤 때는 한 과목을 50분, 꼭 필요하다면 50분짜리 두 세트 이상 짜지 않는 것이 좋다. 반드시 중간중간 쉬어야 한다. 그리고 기본 중에도 기본이지만, 노트필기를 잘하는 거다.

강연하면서 어처구니없는 일을 겪는 경우도 가끔 있다. 어느 학교에 가는데 기차역까지 선생님 한 분이 나를 태우러 나왔다. 그 차에 타고 가며 나는 물었다.

"선생님, 강의 듣는 학생들이 노트와 필기구 가져 오라고 미리 학교 선생님께 연락 부탁드려요."

운전하던 선생님이 어이가 없다는 듯 말했다.

"우리 아이들 수업에도 노트 필기구 안 가져옵니다."

그 순간 나는 화가 났다. 아니 소위 교사라는 사람이 그걸 말이라고 하는가 말이다.

"선생님. 그게 무슨 말씀이세요? 아이들이 노트 안 가지고 오면 가져오게 만들어야 하지 않습니까? 교사로서 그게 무슨 자랑입니까?"

순간 교사는 얼굴이 붉어졌다. 노트필기를 정성껏 하는 건 나중에 다시 보기에도 좋지만 일단 수업 시간에 집중할 수 있기 때문이다. 선생님이 하는 말을 다 내 것으로 만드는 듯한 쾌

감이 있다. 그리고 나른한 수업이지만 내가 손을 써서 필기하면, 손과 연결된 뇌가 활성화한다. 수업 내용이 머리에 더 잘 들어온다. 여기에 여러 색 펜을 이용해 궁금한 것, 이해가 잘 안 되는 것들을 표기하면 그 시간이 마치 예술품을 만드는 듯한 느낌이 든다. 이런 노트로 나중에 복습하면 일목요연한 정리가 되어 나의 뇌리에 오래오래 남는 법이다.

공부라는 것은 예술품을 만드는 일이다. 나라는 멋진 예술품을 제작하는 일이다. 미래에 많은 기회를 잡을 수 있게 하는 예술 작업이라 생각하면 정성을 기울이지 않을 수 없다. 그 정성은 반드시 보답할 것이기 때문이다.

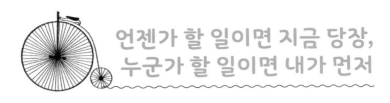

언젠가 할 일이면 지금 당장, 누군가 할 일이면 내가 먼저

'작가님 원고청탁서 보냈으니까. 원고 좀 써 주세요.'

잡지사에서 연락이 왔다. 이메일 열고 들여다보니 원고청탁서였다. 원고청탁서라는 건 대개 원고를 어떤 내용으로 써서 언제까지 어디로 보내 달라는 내용이다. 간단한 편지 비슷한 거다. 물론 원고료를 얼마 준다는 내용까지 쓰여 있는데 대개 시간 여유를 두고 한다. 길게는 한 달, 짧게는 2주 정도의 시간을 준다. 급할 게 없는 원고청탁이다.

하지만 나는 원고청탁서를 출력하자마자 벽에 붙여 놓고 그 때부터 원고를 쓰기 시작한다. 완성된 원고를 쓰는 것이 아니다. 머릿속에 있는 내용을 인공지능의 힘을 빌려 핸드폰 앞에서 이야기를 꺼낸다. 좀 더 생각해야 할 부분이 있다고 고민할 필요는 없다. 멈출 필요도 없다. 떠오르는 대로, 하고 싶은 이야기를 줄줄 말해 놓는다. 시간은 길어야 5분, 10분이다. 그렇게 해 놓으면 인공지능이 입력해준 원고의 초고가 바로 완성된다. 이를 지켜보고 있던 주변 친구들이 묻는다.

"한 달이나 남았는데 벌써 원고를 녹음하냐?"

나는 쿨하게 대답했다.

"야, 어차피 해야 할 일이잖아. 넌 나의 모토를 모르냐?"

내 모토는 이거다.

'언젠가 할 일이면 지금 당장
누군가 할 일이면 내가 먼저'

원고 쓰는 일은 한 달 내로 해야 할 일이다. 하지만 지금 당장 한다고 누가 뭐라고 할 것인가. 그렇게 해서 나는 원고를 컴퓨터에 저장해 놓는다.

정말 허둥대며 바쁘게 사는 사람이 있다. 가만히 들여다보면 그가 일을 많이 하는 것은 아니다. 일하다 죽을 만큼 많은 일을 하는 경우는 드문 법이다. 대개 미루고 시기를 놓친 일 때문에 허둥댄다.

일거리가 쏟아져 들어오는 것은 언덕에서 잔돌이 굴러 내려오는 것과 비슷하다. 처음에는 자잘한 돌멩이들이 내려온다. 그 돌들은 그때그때 받아서 계속 잘게 부숴 가루로 만들어야 한다. 만약 그 잔돌들을 놓쳐서 언덕 아래로 내려가면 잠시 후 컨베이어벨트를 타고 다시 위로 올라가서 나에게 또 굴러온다. 해결할 때까지 굴러온다. 게다가 한번 라인을 탈 때마다 조금씩 커져서 내려온다. 시간이 촉박해지기 때문이다. 그래도 또 피할 수는 있다. 또 미룰 수도 있다. 하지만 미룬다고 그 돌멩이는 절대 없어지지 않는다. 계속 순환하면서 점점 커지고 피할 수 있는 시간도 점점 짧아진다. 결국, 마지막에 거대해진 바위에 깔려서 장렬히 전사하고야 마는 경우가 있다.

이 원리를 알면서 절대 그럴 필요는 없다. 나처럼 일을 많이 하며 다양한 작업을 하는 사람이 던져지는 일을 그때그때 해결하고 즉시 처리하지 않는다면 결국, 나중에 밀려오는 일에 치이어 죽는다. 그렇게 하는데도 가끔 허우적댈 경우가 있을 정도다.

2021년 8월에 내 사랑하는 아버지가 하늘나라로 날아갔다. 커다란 슬픔이 나를 강타했다. 지금까지 살면서 가까운 사람을 잃어본 적이 없었기에 그 슬픔은 더 컸다. 아버지를 보내고 다시 일상으로 돌아오는 일이 너무 힘들었다. 만사가 무기력했다. 해서 뭐하나 하는 회의가 들었다. 그것이 우울증이었다.

출판사와 약속한 원고, 하기로 한 일, 모두 미뤄졌다. 한 마디로 커다란 바윗돌을 만들어버리고 만 거다. 이 책의 원고도 진작에 마쳤어야 했는데 의욕 상실로 늦어졌다. 미루고 방치를 하면, 어떤 일이 벌어지는지 알면서도 어떻게 할 수 없었다. 치유의 시간이 필요했던 거다.

매일 꾸준히 뭔가를 하는 건 쉬운 일이 아니다. 어릴수록 젊을수록 그런 일은 힘들다. 하지만 세상에서 업적을 낸 사람들은 다 꾸준한 사람들이다. 하루도 빠짐없이 하는 루틴을 철저히 지키는 사람들이다.

어린 시절 방학 숙제를 미루다 결국은 개학 무렵에 몰아서 쓴 경험이 한 번쯤 다 있을 것이다. 그래도 불가능하지 않게 어찌어찌 다 써서 제출한다. 다시 말하면 그건 매일 나눠서 하면 별 부담 없는 일들이라는 뜻이기도 하다.

일주일에 한 번씩 날아오는 학습지도 마찬가지다. 하루에 약간의 시간을 투자하면 되는데 그걸 못해서 부모님께 야단을 맞는다. 그리고 지도 선생님이 방문하면 무안해진다.

꾸준함이야말로 나를 성장시키는 열쇠다. 그런 성장은 지금 당장, Right now 해야 한다.

공부가 절박해질 때

"고박사님! 줌을 빨리 배우셔야 합니다. 코로나가 왔기 때문에 줌을 안 배우면 살아남을 수가 없어요."

나에게 종종 스마트 기술을 가르쳐 주는 맥아더스쿨 J교장에게서 다급하게 문자가 왔다. 2020년 초반 겨울 방학을 맞이하여 필리핀 여행을 다녀오는데 그때부터 코로나가 유입되기 시작했다. 잠시 창궐하다 종식될 줄 알았더니 그게 아니었다. 모든 강의가 취소되고 변경되며 그야말로 대혼란이 벌어졌다. 3월 개학하면 전국으로 다닐 준비를 하고 있었는데 코로나로 집에만 머무르게 된 것이다.

뭐라도 해야 했다. 나는 그동안 밀렸던 원고를 열심히 썼다.

그간 잊고 있던 작가가 본격적으로 된 거 같다. 하지만 강의를
할 수가 없었다. 어린이들을 만나고 그들의 이야기를 듣고 그
들과 호흡하면서 이야기를 받아들여야만 작가로서의 설득력
이 있는 이야기가 나온다. 한 마디로 코로나로 인해 나의 텃밭
을 빼앗긴 셈이다.

망연자실하고 있을 때 새로이 줌을 배워야 한다는 조언이
들어왔다. 나는 즉시 수락하였다. 그 결과 줌의 필요성을 알게
된 네 사람이 모여 유격대를 만들었다. 이름은 유격대였지만
사실은 줌을 익히고. 편안하게 쓸 수 있는 기능을 배우기 위한
것이었다. 아침 7시 반이면 우리는 어김없이 줌을 연습하기 위
해 미팅을 열었다. 번갈아 호스트가 되기도 하고 스스로 공부
하면서 익힌 기능을 남들에게 전해 주거나 질문을 하며 해결
해나갔다. 네 사람 모두 처음 사용해 보는 것이라 실수도 있었
고, 착오도 발생했다. 하지만 매일 아침 7시 반에 눈을 번쩍 뜨
고 달려가 화면을 켜고 줌으로 30분간 미팅을 하면서 숙련도
는 급속히 향상되어 갔다. 자신감이 생겼다. 호스트가 되어 사
람을 부를 수도 있었고, 게스트가 되어 회의에 초대받아 갈 수
도 있었다. 사람들이 코로나가 종식되기만을 바라고 있을 때
나는 이 줌으로 화상회의도 하고 강연도 가능하리라는 확신이
섰다.

그때 장애인의 날인 4월 20일을 맞이하여 부산에 있는 동항 초등학교 교장 선생님에게서 연락이 왔다. 전교생을 상대로 줌으로 강연을 해 달라는 것이다. 나는 무조건 오케이를 했다. 준비도 철저히 했다. 4월 20일 전교생이 줌을 통해 강연을 듣는 가운데 장애인식개선 교육을 멋지게 해냈다. 강연료도 받았다. 계산해 보니 부산까지 왔다 갔다 하는 교통비가 빠지지만, 시간이 절약되어 크게 이익이었다.

줌을 실제로 써보면서 어떻게 하면 좀 더 사람들이 강의에 집중할지 어떻게 하면 좀 더 재미있게 들을지를 계속 연구하게 되었다. 퀴즈도 내게 되었고, 다양한 강의 기법도 개발했다. 그 결과 우리는 줌에 관한 공저를 발간키로 하고 두 달 만에 〈줌을 알려줌〉이라는 책도 발간했다. 이 책은 순식간에 베스트셀러가 되었다. 그리고 2021년 또다시 책을 냈으니 〈줌 활용을 알려줌〉이 그것이다. 줌유격대는 그야말로 코로나가 창궐한 우리 사회에 유격대 노릇을 톡톡히 해냈다.

그 뒤로도 네 사람은 각자 활동하며 줌을 널리 보급하고 알리며 퍼뜨렸다. 나의 경우는 장애인 축제를 줌으로 준비하자고 제안하여 2020년 가을 자라섬에서 줌으로 장애인예술축제를 전국으로 중계했다. 그 때문인지 지금은 장애인 행사마다 줌으로 중계방송하는 것이 보편화했다. 비장애인들보다 앞서가

게 된 것이다. 아직도 우리 사회에서는 줌으로 행사를 중계하는 것에 대해서 개념이 부족한데 장애인들은 빠르게 줌을 통해 세상에 적응해 나가고 있다.

이 모든 것은 절박함에서 온 것이다. 내가 줌전문가가 되어 줌을 통해 다양한 사람을 만나는 것은 절박함이 있었기 때문이다. 대개 어린이·청소년들이 공부하라고 하면 싫어하는 이유는 절박함을 모르기 때문이다. 아무리 게으른 사람이라도 등 뒤에서 호랑이가 쫓아온다면 죽을힘을 다해 뛸 것이다. 살아야 한다는 절박함이 초능력을 만들기 때문이다.

공부도 그렇게 해야 한다. 절박함으로. 이 공부가 내 살길이라는 깨달음이 있는 아이들은 빠르게 철이 들고, 빠르게 성장한다. 그러나 모든 것을 다 해 줄 테니 공부만 하라는 말을 들은 아이들은 절대 그렇게 되지 않는다. 결핍이 있을 때 비로소 공부가 필요한 것이다. 나 역시 부족하고 아쉬웠기에 더 열심히 공부하게 되었다. 공부란 절박하게 해야 간절하게 성과가 나는 것이다.

지금 학생들은 6·25 이래 가장 큰 수난을 겪는다고 본다. 전쟁이 난생처음 겪는 것이듯, 코로나로 인한 온라인 수업도 역사상 처음 겪는 일이다. 하지만 전쟁통에서도 피난지 부산에서는 교육이 이루어졌다. 통합대학을 만들기도 했다. 그렇듯 이렇게 온 세계가 어수선할 때 반듯한 꿈을 가진 학생은 더더욱 노력해야 한다. 줌 수업으로 작은 모니터를 들여다보느라 힘들겠지만 나만 그런 것이 아니다. 절박한 심정으로 적응하고 노력해야 한다. 힘들다고 멀리하거나 학력 증진을 포기하면 미래는 불투명해지기 때문이다. 작은 모니터로 보는 온라인교육의 선생님이 살길이라는 생각으로 학업에 박차를 가해야 한다.

오늘도 나는 줌으로 글쓰기를 지도받는 학생들을 가르치고 있다. 절박함이 주는 큰 선물이라 할 수 있다.

가르칠 수 있는 지식이 진짜

강연을 많이 다니다 보니 다른 강사들의 강연을 들을 때도 있다. 한 번은 강사 한 사람이 유창하게 사람들 앞에서 강연하는 것을 듣고 있었다. 그 강연이 끝나면 내 차례였기 때문이다. 강의 중간에 한 사람이 의견이 있는지 손을 들었다.

"선생님 그 얘기는 여성 혐오 아닙니까?"

"어, 그, 그게 아니고요."

갑자기 강사는 버벅대면서 당황했다. 논리적으로 조목조목 부인해야 하는데 대충 얼버무리며 대답했다. 그러자 질문자가 다시 추가 질문을 했다.

"지금 같은 시대에 그런 말씀은 위험한 것 아닙니까?"

그 질문 역시 횡설수설하며 대답하고 나서 강사는 그 순간 자신이 강연해야 할 내용을 새까맣게 잊어버렸다. 당황하며 다음에는 PPT 화면을 거의 읽다시피 하면서 강의를 했다. 사람들은 술렁댔다.

"갑자기 왜 저래?"

"무슨 말 하는 건지 모르겠어."

한 마디로 강연을 망치고 말았다. 시간이 다 되어 진땀 흘리며 강사가 내려왔다. 나는 그 뒤를 이어 올라갔다. 주최 측이 흐트러진 분위기를 다잡아 달라고 간곡하게 부탁했다.

내 강연은 대본이 없다. PPT 화면은 나의 강연을 보조하는 역할일 뿐이다. 증거 사진이나 기록만 보여 줄 뿐이다. 나는 화면을 보면서 내용을 읽지 않는다. 가끔 강연회에서 보면 화면에 글자를 잔뜩 써넣은 사람들이 있다. 내용을 읽으면서 자기가 알고 있는 지식을 쉽게 전달하는 것이다.

하지만 PPT는 믿을 수 없다. 기계 고장도 자주 일어나는 돌발변수 중 하나이기 때문이다. 나 역시 PPT가 고장 나거나 마이크가 고장 나는 경우가 종종 있다. 하지만 당황해본 적은 한 번도 없다. 왜냐면 내가 하려는 이야기들은 내가 체득하여 얻고 깨닫고 오랫동안 고민하여 알아낸 결과물이기 때문이다. 어설프게 책에 있거나 남의 견해를 끌어모아 순서대로 짜 맞춘

게 아니다. 내가 생각한 오롯이 나만의 것이기 때문이다. 그렇게 외워서 강연하는 사람들은 굉장한 지식을 갖고 있다고 생각하지만, 돌발 상황이 발생하거나 그 지식을 쌓아 놓은 근거가 무너지면 당황하며 아무것도 하지 못하게 된다. 이럴 때 진짜 실력이 나오게 된다.

외우는 지식엔 한계가 있다. 외우더라도 그것이 정말 내 것이 된 다음에 토해내야 하는데 설익은 채로 토해내다 보니 그런 문제가 발생한다. 공부는 왜 하는가? 깨닫기 위해서 한다. 깨닫지 못한 공부는 내 것이 아니다. 내 입으로 설명하지 못하는 지식은 내 것이 아니다. 친구에게 대화하듯 가르쳐 줄 수 있는 지식이라야 내 것이 된다. 교사나 교수는 한 시간 수업이나 강의를 하기 위해 몇 시간을 준비한다고 한다. 강의는 자료를 보며 할 수 있지만 남 앞에 서서 강연하는 내용은 자료가 없다. 현장 분위기는 그때그때 다르다. 같은 강연이라도 시간과 장소에 따라 반응이 제각각이다. 이럴 때는 즉시즉시 반응하면서 그때그때 상황에 맞춰 자신이 이야기하고자 하는 바를 전달할 줄 알아야 한다. 재미, 교훈, 감동을 고르게 담아야 한다. 이것을 제대로 할 줄 모르면 당황하기 마련이다.

고등학교 시절 나에게는 가끔 옆자리 친구들이 모르는 문제를 물어보았다. 나는 한 번도 거절하지 않고 가르쳐줬다. 나도 잘 모르는 건 더 공부 잘하는 친구에게 물었다. 그러면 전교 1 등 하는 녀석도 기꺼이 내게 문제 풀이 방식을 보여준다. 자기 시간을 내주는 것이다. 그 이유는 간단하다. 모르는 걸 가르쳐 줄 정도가 되어야 그 실력이 자기 것인 까닭이다. 머리로만 이 해한 것은 내 것이 아니다. 문제를 풀고 더 나아가 남을 가르치 고 거기서 더 나아가면 문제를 만들 정도까지 되어야 한다.

지식은 외워서 남 앞에 나서서 자랑하려는 것이 아니다. 내 가 먼저 성장하고 내 것이 되어서 나와야 한다. 그래야 그 지식 은 좀 더 다듬어지고 좀 더 발전하게 된다. 이렇게 하는 것이 진정한 공부다.

천둥이 치고 벼락이 때려도 내가 고민하고 궁리해서 터득한 지식은 누구도 빼앗을 수가 없다. 원시의 토굴 속에서도 지혜 로운 자는 사람을 끌어모아 지식을 전달했다.

제4장

어떻게 내 길을 갈까

길은 쉬운 길,
어려운 길이 없다

"어이쿠!"

탄탄대로라고 휠체어를 밀고 가던 학생이 깜짝 놀란다. 작은 턱을 휠체어 앞바퀴가 못 넘어갔기 때문이다. 내 목이 튕기자 놀라서 급히 사과한다.

"죄송합니다."

강연하러 가면 도우미 학생이 이런 실수를 가끔 저지른다. 이렇게 고작 몇 센티미터도 안 되는 턱이어도 내 휠체어는 걸린다. 곁에서 보고 있던 물리 선생님이 의견을 냈다.

"큰 바퀴를 쓰시지요?"

"큰 바퀴를 쓰면 기동성이 떨어집니다."

"작은 바퀴가 그러면 기동성이 빠른가 보지요?"

"네. 그런데 작은 바퀴도 단점이 있어요. 이렇게 낮은 턱도 못 넘어가고 모래나 흙바닥 같은 곳에 푹 빠집니다."

인생은 이렇다. 길을 갈 때도 작은 깨달음이 있다. 휠체어 타고 굴러가는 길이지만 많은 것을 생각하게 한다.

턱이나 홈에 빠지지 않는 큰 바퀴를 타면 나도 좋다. 하지만 둔탁해지고 무거워진다. 방향전환이 잘되는 작고 얇은 바퀴는 턱에 걸리고 홈에 빠진다. 둘 중 하나를 선택해야 한다. 결국, 나는 기동성을 선택했다. 내가 모래밭엘 가거나 흙바닥에 다닐 일은 많지 않기 때문이다. 인생도 그렇다. 살면서 이 길도 가고, 저 길도 갈 수는 없다.

학교에서 강연할 때 학생들에게 꿈을 말해 보라고 하면 초등학교 저학년 학생들이 이렇게 말한다.

"저는요, 판사에, 검사에다 의사에다가 작가가 될 거예요."

대단하다. 나는 작가 하나도 버거워 허덕대는데.

하지만 나는 알고 있다. 판사, 검사는 엄마 아빠가 이야기하는 것이고, 의사는 돈 많이 번다고 누가 말했을 것이고, 작가는 자신이 되고 싶은 것이다. 우리 삶에서 이렇게 여러 개를 동시에 할 수 있다면 얼마나 좋을까?

물론 몇 개의 직업을 가지고 있는 사람들이 있기는 하다. 나 역시도 작가가 직업이라 하지만 강연에 각종 기획에 컨설팅에, 모든 할 수 있는 일을 하고 있다. 물론 재미로 하는 것이다. 새로운 분야여서 도전해 보는 것이다. 주된 직업은 작가의 길이다.

이 길 역시도 쉽게 들어선 것이 아니다. 여러 분야의 길을 접고 한길로 갔을 뿐이다. 동시에 여러 가지 일을 한다는 것은 쉽지 않다. 어린이들은 이것을 모르기 때문에 여러 가지 꿈을 이야기한다.

길은 쉬운 길, 어려운 길이 없다. 모든 길은 어렵고 쉽기도 하다. 또한, 좋은 일이나 나쁜 일만 있는 것도 아니다. 좋은 일이 나쁜 일이 되고, 나쁜 일이 좋은 일이 된다. 내가 가는 길이 때로는 좋고 때로는 나쁘다. 작가로 평생을 살고 있지만 어떨 때는 책이 잘 팔려, 글이 술술 쓰여 즐거워하다가도 작품이 외면당하고 글이 안 써지면 머리를 쥐어뜯는다. 이게 과연 좋은 일일까, 나쁜 일일까?

답이 없다. 그저 길이 있다면 내가 가는 길이 있다. 김소월의 시에 나오는 진달래꽃을 뿌려놓은 꽃길일 수도 있지만, 진흙탕 길이기도 하다. 그러나 진흙탕 길도 시간이 지나면 꾸덕꾸덕하게 마른다. 다닐 만하다. 꽃길은 나중에 꽃이 시들어 떨어지면 청소하기가 무척 힘이 든다. 잠시 아름다울 뿐이다. 원했던 길이든 원치 않았던 길이든 가야만 하는 길이든 가기 싫은 길이

든, 길은 길일뿐이다. 그 길을 어떻게 갈 것인가?

결국, 길은 그저 내 앞의 길뿐이다. 내가 꿈을 정하고 내가 갈 길이 있다면 열심히 가야 한다. 때로 길이 막히면 뚫으면서 가고, 두 갈래, 세 갈래 길이 있으면 하나를 선택해서 가면 된다. 길이 막히면 돌아와야 하고, 잘못된 길이라면 옆길로 옮겨 타기 위해 갖은 고생을 해야 한다. 그러면 결국 길이 문제가 아니라 길을 가는 게 문제다. 어떻게 갈 것이냐. 무엇을 향해 갈 것이냐. 삶은 어느 길을 가느냐가 아니라 어떻게 가느냐이다.

학생들이 꿈을 앞에 놓고 다양한 고민이 있는 걸 본다. 겉보기에 화려한 길을 고르고 싶기도 하다. 하지만 그 길 역시 가다 보면, 별별 일이 다 있는 길이다.

한번은 유튜브 크리에이터가 꿈이라는 학생이 내 강연에 꿈을 발표했다. 그래서 나는 물었다.

"지금 유튜브를 하고 있나?"

"아뇨."

"동영상은 잘 찍나?"

"아뇨."

"편집도 못 하겠네?"

"해야죠."

아무 준비도 되어 있지 않았다. 나중에 하겠다는 생각이다. 그래선 곤란하다. 당장 시작해야 한다.

위대한 영화감독 스티븐 스필버그는 어린 시절 아버지가 생일에 준 동영상 카메라로 짧은 영화를 만들었다. 그리고 그길로 쭉 간 거다.

내 휠체어가 모래에 빠지고, 바퀴에 무리가 생긴다고 내가 가지 않을 수는 없듯 누구나 그 길을 가야 한다. 우리 모두의 목표는 그저 자신의 길을 가는 것이기 때문이다.

작은 일이 가진 가능성

"묻고 더블로 가"

영화의 유명한 대사다. 별 것 아닌 말인데 작은 파이가 있을 때 조금 더 크게 파이를 키우라는 뜻이다. 아니면 배짱을 가지고 일을 저지르라는 뜻이기도 하다.

내 경우는 아는 사람이 많고 오랜 기간 다양한 경험을 하다 보니 사람들이 찾아와서 이것저것 많이 물어본다. 한 번은 어느 복지기관 관장님이 찾아왔다. 누가 후원해 줘서 천만 원의 돈을 받았다는 것이다. 이 천만 원으로 책을 내는 게 아니라 팸플릿을 최대한 많이 찍어 초등학교 앞에 가서 나눠주겠다고 했다. 장애인식 개선을 위한 팸플릿이었다. 나에게 팸플릿 문안 몇 줄 써 달라고 온 것이 아닌가? 원고료를 받기도 애매했다. 좋은 일 하는데 그냥 봉사로 해버리고 말까 생각했다.

나는 하지만 알고 있다. 아이들에게 그런 종이 백날 나눠줘 봐야 쓰레기통으로 직행할 뿐이라는 걸. 관장님에게 이렇게 말했다.

"관장님, 차라리 그 돈으로 책을 1천 권 찍어서 주세요."

"책이면 아이들 몇 명 못 주잖아요."

"그 천 권의 책을 학교마다 30권씩 나눠 주면 33개 학교는 줄 수 있잖아요."

"그래서요?"

"30권씩 학교에 줘서 한 반 아이들이 동시에 읽게 합시다. 읽고 독후감 쓰고 주인공에게 편지 쓰는 사업을 하는 건 어때요?"

"네? 그 생각은 못 했어요."

관장님은 자신의 아이디어에 내가 새 아이디어를 더 얹어주자 당황했다. 그리고 이내 무릎을 쳤다.

"그거 좋아요. 해 볼게요."

그렇게 해서 나는 천만 원을 가장 효율적으로 쓸 방법을 제안해 줬다. 책을 만들어야 하니 원고의 양도 늘어나고 원고료도 조금 받을 수도 있게 되었다. 물론 봉사하는 차원이라 최소의 비용만 받았다.

그런데 문제는 그다음이었다. 그 책이 학교에 무료로 풀리자 여기저기에서 추가로 신청이 들어왔다.

"우리 학교도 책을 보내 주세요."

"아이들에게 읽히고 싶어요."

"감동이에요."

결국, 추가 후원이 들어왔고, 그 책을 계속 발간했을 뿐만 아니라 독후감 대회를 열었는데 2000명이 넘는 전국의 어린이들이 응모한 것이 아닌가. 한마디로 대박이 난 거다.

그래도 나에게는 대박이 아니었다. 그 책은 비매품이었기 때문이다. 후원금이 더 안 들어오면 잊히고 말 책이었다. 나는 여기에도 아이디어를 얹었다.

출판사 한 곳을 섭외해서 이 책을 제대로 만들자고 이야기했다. 그렇게 해서 출판사와 계약하여 제대로 된 동화책이 나왔다. 그 책 인세의 일부는 그 복지단체에 기부하기로 결정이 났다. 물론 나는 인세도 받게 되었다. 그 책이 지금도 전국에 팔리고 있다, 20년 가까이. 그 책의 주인공은 '네 손가락의 피아니스트, 희아.' 묻고 더블로 가지 않았다면 잊히고 말았을 책이고 반짝하고 말았을 주인공이다.

작은 이익을 가지고 사람들은 싸운다. 조금이라도 손해 보려하지 않는다. 하지만 큰 그림을 그리는 사람은 그 작은 일이 가진 가능성을 본다.

또 한 번은 나에게 전시회를 기획하는 사람이 찾아왔다. 자기가 전시하려는 분야가 공연과 전시로 나뉜다며 나에게 아이디어를 달라고 했다. 뜻깊은 전시였다.

"이런 뜻깊은 전시를 이렇게 작게 하시다니요?"

"무슨 말씀이에요?"

"공연과 전시만 있잖습니까? 출판과 음악과 미술과 예술과 교육과 강연 등등을 넣으시죠."

"네? 그 생각은 못 했습니다."

순간 날 찾아온 사람은 눈이 동그랗게 변했다. 어마어마하게 사업영역이 확장되어 있기 때문이다. 세상을 보는 눈은 이런 것이다. 크게 만들고 파이를 키워서 다 함께 나누고 함께 누리는 것이다.

어떤 상황에서도
희망은 있다

고등학교 1학년 때 우리 반에는 고씨가 딱 둘이었다. 나와 또 다른 녀석. 그 녀석의 이름은 기둥이었다. 나라의 기둥이 되라고 지어준 이름이란다. 나는 학급에서 성적이 상위권이었지만 녀석은 기둥이라는 이름이 무색하게 바닥이었다. 우리 반에서 꼴찌에서 2, 3등 하는 녀석인데 나랑 같은 고씨라고 먼저 아는 척을 했다.

"너도 영곡공파냐?"

"응?"

무슨 소린지 난 알아듣지 못했다.

"제주 고씨 아니야?"

"맞아."

"나 제주 고씨 영곡공파 32대손이야."

"그래? 나는 무슨 파인지는 몰라."

사실 나는 파까지는 알지 못했다. 조금은 부끄러웠다. 녀석만 뼈대 있는 집안인 듯했다. 나는 어디 나중에 갑오경장 이후 족보를 사 온 천민 집안 출신인가 싶은 의문도 들었다. 그날 집에 와서 아버지에게 무슨 파인지 물어보았다. 아버지는 우리도 영곡공파라며 당신이 33대손이며 내가 34대손이라는 거다. 한마디로 녀석은 나의 할아버지뻘이었다.

'이건 좀 곤란하군.'

어린 마음에도 동급생 녀석이 할아버지뻘이라는 게 좋을 리 없었다. 일절 내색하지 않기로 했다. 할아버지라고 부르라고 그러면 골치 아프지 않은가.

거기에 이유는 또 하나 더 있다. 이 할아버지가 공부를 너무 못한다는 거다. 같은 고씨로서 부끄러웠다. 그래서 그런지 이 녀석의 자리도 맨 뒤의 구석이었다.

하루는 녀석이 중간고사 통지표를 받고 엉엉 우는 것이 아닌가? 아이들이 물었다.

"왜 우냐? 기둥이."

그러자 기둥이 짝이 웃으며 말했다.

"이번에 기둥이 꼴찌 했대."

꼴찌에서 2,3등 하던 녀석이 꼴찌 했다고 통곡을 하다니. 아이들은 이걸 보면서 킥킥댔다.

"야 꼴찌 한 녀석이 전교 1등 한 놈이 2등 했다고 우는 것보다 더 운다."

우리는 재미있다고 지켜보며 웃고 말았다. 가만히 생각해보다 나는 거기에서 놀라운 삶의 깨달음을 얻었다. 녀석이 울었던 것은 더 내려갈 곳이 없다는 절망감 때문이었다. 공부 잘하는 아이들이나 똑똑한 아이들이 볼 때 꼴찌나 꼴찌에서 2, 3등은 그게 그거라고 생각할 것이다. 그러나 꼴찌 입장에서 보면 이건 큰 좌절이다. 기둥이가 운 것은 희망과 위안이 사라졌기 때문이다. 더는 내려갈 수 없는 바닥을 때렸기 때문이다.

이렇게 따지면 반에서 중간 정도 하는 녀석에게도 엄청나게 많은 희망이 있다. 아니 이 세상 사람들은 모두 희망이 있다.

그때 우리 반에서 엉뚱한 소리 잘하는 녀석이 기둥이에게 다가가 어깨를 쓰다듬으며 위로했다.

"기둥아. 울지 마. 네가 그래도 전교 꼴찌는 아니잖아."

맞다. 기둥이에게도 아직 희망은 있다. 전교 꼴찌는 아니었기 때문이다.

대개 우리가 불행해지는 첫 번째 이유는 남과 비교하기 때문이다. 그 비교를 또 항상 제일 잘 되는 경우와 한다. 예를 들어

보자. 마트에 가서 장을 보고 수레에 짐을 잔뜩 담은 다음 아무 자리나 가서 슥 줄을 섰는데 꼭 내가 선 줄은 사람이 적은데도 앞 사람이 계산을 많이 하느라 시간이 걸린다. 이상하게 계속 나만 그런 것 같은 느낌이 든다. 왜 그럴까? 이걸 '머피의 법칙'이라고 얘기했다. 과학적으로도 설명할 수 있다. 창구가 열 개라면 열 개 창구에 있는 사람들은 모두 자기 창구가 제일 빨리 빠져나가길 바란다. 제일 빨리 1등으로 빠져나가는 창구는 단 하나밖에 없다. 그러면 나머지 아홉 개 창구는 1등을 바랐는데 1등이 아니니까 일제히 자신은 머피의 법칙에 빠졌다고 생각하는 것이다. 그렇게 기대하고 남과 비교하며 살면 삶에서 머피의 법칙 아닌 것이 없다.

1등과 비교할 필요는 없다. 희망은 비교가 짓밟는 법이다. 최고의 능력은 어떤 상황에서든 희망을 만들어내는 것이다.

기둥이에게 나는 말했다

"기둥아, 다음에 잘해. 너 영곡공파 32대손이잖아. 희망을 가져."

내 말이 도움이 됐는지는 알 수 없다. 그러나 하여간 녀석은 고교 시절 내내 계속 하위권을 헤맸다. 아마도 공부에 대한 동기부여가 전혀 없었던 것 같다. 명랑한 성격을 가진 녀석이 그립다. 꼴찌지만 희망을 가진 녀석은 성적만 꼴찌지, 인생에서

는 절대 꼴찌가 아닐 것이라고 나는 확신한다. 운동도 잘하고
성격도 좋았기 때문이다.

희망은 이렇게 차원을 달리 하면 내 것이 될 수도 있다.

막히면 주위를 살펴봐!

나는 군대를 다녀오지 않았다. 장애인이 군대에 갈 수가 없으니까 당연하다. 우리 집안은 군인정신이 투철한 집안이다. 아버지가 30년간 직업 군인이었고, 삼촌이 ROTC로 20년간 근무했다. 막내 삼촌은 군인인 두 분 형들 영향으로 보병으로 제대한 뒤 군무원으로 국방부에 취직해서 평생을 근무했다.

큰삼촌은 당시 최고의 청소년 문예지이던 〈학원〉지에 소설이 당선되기도 했던 문학청년이다. 좋게 말하면 문무를 겸비한 집안 분위기라 할 수 있고, 안 좋게 말하면 이도 저도 아닌 분위기일 수 있다.

어쨌든 내 안에 군인의 가풍이 흐르지 않는다고 할 수 없다.

가끔 지인들은 나보고 군인보다 더 군인 같다는 이야기를 한다. 습관적으로 '안 되면 되게 하라' 등등의 군대용어를 쓰기 때문이기도 하다.

그렇지만 정말 군대를 다녀온 건 아니니 한 마디로 사이비다. 진짜 군대를 다녀온 사람과 삶에서, 문제 해결에 있어 비교되는 경우는 가끔 있다.

지인 K시인은 군대를 제대로 다녀온 사람이다. 최전방에서 고생하고 왔다. 그 역시도 시를 쓰지만, 군인의 피가 흐르고 있는 것 같다. 나와 가끔 어딜 다니다 보면 비상 상황이 발생했을 때 그가 즐겨 던지는 말이 있다.

"지형지물을 이용해."

지형지물이 무엇인가 했더니 부근에 있는 지리적 이점을 활용하고 부근의 사물을 사용해 해결책을 찾으라는 의미였다. 그렇다. 해결책은 항상 가까운 곳에 있는 법이다. 파랑새는 멀리 있지 않다.

2019년 나는 최고의 강의 기록을 세웠다. 전국으로 350번이나 강연을 다녔기 때문이다. 2020년이 되면 400번은 다닐 텐데 어쩌나 하고 두려움에 떨고 있었다. 하지만 코로나가 전 세계를 강타하면서 결국 나는 오프라인과 온라인을 겸해 120번 정도 강연을 했다. 코로나 시국에 120번을 강연했다는 것도 놀라운 일이긴 하다. 그런데 이것은 내가 지형지물을 이용하라는 지침을 잘 적용한 덕분이다. 코로나가 발생하면서 강의가 줄줄이 취소되고 지방으로 가야 할 내 스케줄은 모두 지워졌다. 2019년도 다이어리를 보면 온통 누더기가 되어 있다. 지우고 덧붙이고 수정하고……. 문제를 해결해야 했다. 이대로 포기할 수 없었기 때문이다.

나는 직업이 작가에서 강사로 바뀌었다고 생각했는데 그 생각이 급변했다. 일단 가장 가까운 곳에 있는 지형지물을 이용해 작가로 돌아가기로 했다. 남는 시간에 출판사 관계자를 만나고 그들과 계약을 하고 계획을 짜며 책들을 써내기 시작했다. 내 평생 가장 많은 책을 계약한 것이 2020년이다. 작가로서의 인지도와 작가로서의 경험을 토대로 타개책을 찾아낸 거라 하겠다.

그뿐만이 아니다. 컴퓨터와 인터넷을 사용하고, SNS를 잘 쓰는 능력을 바탕으로 줌 강의를 시작했다. 줌을 일찍 배우고 숙달시켜서 남들을 가르쳐 주고 책으로 낼 정도의 수준이 되었다. 이 역시 지형지물을 이용한 것이다.

어디 그뿐인가. 줌을 이용하다 보니, 줌을 통해 사람들에게 교육할 수 있겠다는 생각이 들었다. 〈문장 아고라〉 글쓰기 프로그램을 줌으로 시행하기 시작했다. 그 결과 전국에 있는 사람들이 나에게 글을 배울 수 있게 되었다. 글을 배우면서 사람들은 줌의 편리함을 느꼈다.

나의 책 〈까칠한 재석이가 소리쳤다〉를 보면 옷가게를 성공시켜 람보르기니를 타고 다니는 공익요원이 나온다. 그의 차를 학생들이 망가뜨려 신문기사에도 나온 실화의 주인공이다. 그 사건이 벌어진 학교에 내가 직접 강연 갔다가 그 이야기를 들었다.

그 돈 많이 번 공익요원은 이미 어려서부터 사업에 능했고, 알바를 하면서 시장에 눈을 떠서 20대에 이미 엄청난 부를 축적했다고 한다.

그가 어린 나이에 성공을 향해 달릴 수 있었던 건 엉뚱하고 새로운 강력한 무엇을 알아내거나 발명해서 이룬 것이 아니다. 의류업계에서 알바를 하면서 주변을 살폈고 그곳의 맥을 잡아 큰 성공을 거두었다.

항상 주변을 살펴라. 꼭 나를 도와주거나 일깨워 줄 사람이 있다. 아니면 나를 성장 시킬 물건이나 기회가 있기 때문이다.

남들에게 허락하지 마라

"선생님. 너무 속상하고 화가 나요."

이웃 사는 멘티인 여대생에게서 전화가 왔다. 그것도 밤늦은 시간에.

"왜 무슨 일이야?"

"친구들이 나를 막 대해요. 나를 가볍게 여기고 아무렇지 않게 무시하고 깔봐요."

집에 오고 있는 길이면 내 집에 잠시 들르라고 했다.

그 멘티는 지인의 딸이었다. 하나밖에 없는 귀한 딸이라고 너무나 많은 사랑을 받고 자라서인지 자존감이 쉽게 흔들리는 성향이 있었다. 대학교 4학년씩 되었는데 아직도 이렇게 주변 친구들에게 상처를 입는다고 하니 밤늦은 시간이지만 오라고 했다.

상처 있는 걸로 따지면 대한민국에서 나보다 많이 입은 사람은 없을 것이다. 장애를 가졌기 때문에 나는 수없이 많은 상처를 감내해야만 했다.

"너는 아무것도 못 하니 체육 시간에 밖에 나오지 말고 교실 지켜라."

"우리 학교는 장애인 시설이 없다."

"장애가 있어서 우리 딸과 결혼하기 힘들다."

이런 말들의 공통점은 장애인에게 자기 결정권을 허락하지 않겠다는 거다. 한 번이라도 나의 의사를 물어봐 주면 좋은데 그 누구도 묻지 않는다. 비장애인인 자신들이 결정해 주는 삶을 살라는 거다.

"체육 시간에 나도 턱걸이는 할 수 있습니다."

"장애인 시설 없으면 제가 기어서라도 계단 오르겠습니다."

"딸을 죽도록 사랑하고 책임지겠습니다."

이렇게 말하고 싶지만 아무도 나의 말을 들으려 하지 않는다. 당연하다. 묻지 않았기 때문이다.

그런데 문제는 그런 것이 자기 결정권인지조차 젊을 때는 몰랐다는 사실이다. 그저 세상이 정해놓은 틀 안에서 순응하며 살아야 하는 게 인생인 줄 알고 상처 입으면서 살았다.

성인이 되고 지식이 축적되고 사유가 성숙한 뒤에야 나의 삶을 결정할 권리는 나에게 있으며 누구에게도 그 결정을 대신하라고 허락하지 않았음을 알았다. 결과도 내가 책임지는 것이다. 자기 주도권, 자기 결정권이 다 내가 손에 쥔 놀라운 권리였다. 나의 존엄은 내가 지키는 거다. 인생은 누가 시켜서 사는 것이 아니다. 책도 내가 읽는다. 이 모든 것은 철저한 자존감에 바탕을 둔 생각이다.

이런 생각을 갖지 못하고 어른이 되어 버리는 아이들이 많이 있다. 엄마가 하라는 대로 말 잘 듣고 학원 다니고 성적 올려서 대학을 들어갔는데 그때 갑자기 부모들은 이런 말을 한다.

"네가 이제는 알아서 해."

알아서 해 본 적이 한 번도 없는데 어떻게 알아서 한단 말인가? 경험이 없는데 어떻게 중요한 것을 결정한다는 말인가? 결정하려면 판단의 근거가 있어야 하는데 그런 걸 배운 적이 없다. 윤리 도덕에 의해 옳은 판단을 해야 하는데 어느 게 옳은지 알 길이 없다. 실수하거나 잘못된 판단을 하면 나중에서야 부모들은 또, 원망하고 난리를 친다. 이렇게 기른 아이들이 주변에 너무나 많다.

지인의 딸도 그런 아이였다. 좋은 대학을 다니고 사랑도 많이 받았지만, 자존감이 낮았다. 그래서 멘토링을 시작하게 되었다.

"너는 할 줄 아는 게 뭐냐? 운전면허는 있나? 자격증은? 취미나 특기는?"

그 아이를 처음 만난 날 물어보니 대학 4학년이나 됐는데 아무것도 없었다. 운전면허 하나 따 놓은 게 없고, 토익 시험을 한 번도 본 적이 없었다. 그런 아이에게 나는 충격요법을 주었다.

"이거 완전 쓰레기가 되어버렸군."

곁에 있던 지인과 그 아내도 듣다가 충격을 함께 받았다. 딸아이가 그런 충격에 견디지 못할 줄 알았던 모양이다. 하지만 의외로 그 학생은 맞다고 고개를 끄덕였다.

"맞아요. 제가 쓰레기예요."

자신의 상황을 인정해야 그때부터 새로운 도전을 해 볼 수 있다. 그 뒤 나는 하나씩 삶의 요소들을 가르쳤다. 컴퓨터 학원도 다니라고 하고, 운전면허도 따라고 했다. 작은 성취를 맛보게 해 주었다. 작은 성공을 경험하자 아이는 조금씩 변화하기 시작했다.

조금 더 큰 성공을 향해 나아갈 준비를 하는 차에 이런 일이 벌어졌다. 울면서 집에 온 아이에게 말해 줬다.

"너는 왜 친구들이 너의 자존감을 허물고 흠집 내도록 허락

했어?"

"네?"

내 말을 이해하지 못했다.

"너의 자존감을 남들이 들어와 함부로 상처 내도록 허락했으니까 네가 흔들린 거 아니야? 허락하지 마."

대개 자존감이 낮은 아이들은 자신의 약한 마음과 감정 상태를 남들에게 들키고 노출한다. 무슨 말만 해도 흔들리고 조금만 이상한 표정을 지어도 강하게 반응한다. 방어막이 없으니 남들이 마음껏 자신의 감정 상태에 들어와서 헤집고 다니도록 용납한다. 오늘부터 내 감정과 정서와 나의 존엄에 문을 닫아 걸어야 한다. 만나지 말라는 것이 아니라 그들이 무슨 말을 해도 내 마음에 상처를 주도록 허락하지 말아야 한다. 사람들이 사방에서 욕을 하고 싸우자고 덤비지만 나는 그런 자극에 상처 입지 않는다. 그런 사람들로부터 내가 상처 입도록 허락하지 않았기 때문이다.

"너는 공부도 못하고 못생겼잖아."

그 이야기를 받아들이면 정말 나는 못생기고 공부 못하는 사람이라고 인정하는 것이다. 인정하지 않으면 된다.

'나는 노력 중이니 공부를 잘할 수 있고 개성시대에 나는 나답게 생겼을 뿐이다. 그런 말을 함부로 해도 나는 인정하지 않

고 흔들리지 않을 거다. 그럴 이유가 없다. 그런 말을 하는 너야말로 한심한 사람이다.'

이러한 생각으로 나 자신을 지켜내야 한다. 멘티인 아이는 서서히 나의 말을 이해하기 시작했다.

"친구들이 무심히 던지면 상처는 네가 받은 거잖아? 네가 잘못한 거지, 왜 걔들이 그렇게 와서 너의 마음을 휘젓도록 놔둬? 허락하지 마. 무슨 이야기를 해도 허락하지 않고 어떤 얘기를 들어도 네가 흔들리지 않으면 더는 그런 짓 하지 않을 거야."

"......"

그리고 말해 주었다.

"걔들도 다 취업 준비하고 있지? 걔들에게 보복하거나 받아칠 필요 없어. 가장 멋지게 오늘 당한 걸 보복하는 게 뭔지 알아?"

"뭔데요?"

"네가 아주 잘 되어 주는 거야. 좋은 회사에 취직하고 너의 꿈을 향해 나아가는 것. 그것이 걔들에게 보복하는 거야. 웃으면서 생긋생긋. 나중에 취직하면 일부러 불러서 멋진 곳에서 밥 사주는 거 멋지지 않아?"

"멋져요."

"그래. 사소한 말 한두 마디로 그들이 분탕질 치도록 하지 말고, 너 자신에게 집중해. 너의 할 일과 너의 목표만 생각해.”

“선생님, 정말 고마워요.”

환한 얼굴로 멘티는 집에 갔다.

몇 년 뒤 녀석은 취직도 했고, 그 몇 년 뒤에는 결혼한다면서 나에게 고급 명품 와이셔츠를 하나 선물했다. 멋진 은혜 갚음이었다.

청구서를 보내드리겠습니다

"고군은 수업 끝나고 좀 남아주게."

대학원 다닐 때 일이었다. 노교수님이 강의를 마친 뒤 나에게 남으라고 하는 것이다. 그 교수님은 나와 전공도 달랐다. 무슨 일인지 수업 시간 내내 궁금했다. 강의가 끝나고 학생들이 빠져나가자 교수님은 나에게 인쇄물 하나를 던져주었다.

"내가 학술지에 원고를 보내야 하는데 이게 인쇄물로 되어 있지 않겠나? 그래서 자네가 원고지에 좀 옮겨 줄 수 있겠나?"

그때만 해도 아날로그 시대라 원고를 써서 주면 원본이 없어지고 인쇄물만 남았다. 그러니 다시 어디에 보내려면 인쇄물을 보고 원고지에 정서(正書)하는 수밖에 없었다. 그래도 기뻤

다.

"선생님, 당연하지요, 해드리겠습니다."

집에 와서 나는 그날 정성껏 원고지에 그의 원고를 옮겨 적었다. A4 용지로 대여섯 장의 원고였지만 원고지로 옮기니 제법 두툼한 60쪽 분량이 나왔다. 어차피 글 쓰는 걸 직업으로 삼으려 했고, 대학원을 졸업한 뒤 교수가 되는 게 꿈이었던 시절이었다. 그 노교수님이 수많은 학생 가운데 나를 하나 골라서 이런 일을 부탁하다니 참으로 영광이었다. 틀린 글자 하나 없이 세세하게, 글씨가 예쁘지 않으면 새 종이에 다시 쓰는 식으로 원고를 정서했다. 다음 수업 시간에 깔끔하게 정리한 원고를 건넸다.

"수고했네."

그 한 마디뿐이었지만 나는 뿌듯했다. 옆에 있던 동료 대학원생들은 물었다.

"뭘 해 드렸어?"

"원고 정서해 드렸어."

다들 부러워했다. 자기가 그 일을 맡았으면 하는 표정이 역력했다.

하지만 요즘 같아선 큰일 날 일이다. 제자라든가 젊은이들에게 함부로 일을 시키는 것을 흔히 '열정페이'라고 이야기한다. 열정으로 일을 했으니 돈을 안 준다는 뜻이다.

우리 사회는 빠르게 정서와 심리가 변화하는 사회다. 이렇게 내가 교수의 원고를 대신 정서해준 것이 불과 30년 전이었는데 한 세대가 지나면서 이랬다간 큰일이 나는 세상이 되었다. 남의 노력과 남의 시간을 함부로 여기면 안 되는 것이다.

가끔 내가 줌으로 중계방송을 할 일이 있어 보조자가 필요할 때가 있다. 한번은 나에게 글쓰기를 배우는 멘티 L양에게 같이 하자고 이야기했다. 기꺼이 나를 따라 왔다. 하지만 나는 그녀가 내 차에 앉자마자 준비해 놓은 교통비를 건네주었다.

"얼마 안 되지만 써. 최저시급밖에 안 될 거야."

예상치 못했던 듯 L양은 눈을 동그랗게 떴다.

"저, 그냥 도와드리려고 했는데요?"

"내 사전에 열정페이는 없어. 일한 만큼 시간을 내가 뺏은 거잖아."

그렇게 적은 돈이나마 전해주니 마음이 아주 편했다. L양 역시 기분 좋아했다. 자신의 시간이 누군가에게 귀하게 인정을 받는 것이다. 시간은 돈이기 때문이다.

한번은 엄청나게 큰 단체에서 나에게 홍보 문의를 한 적이 있었다. 기존의 홍보 문안이 재미없다고 회장이 젊은이들을 위해서 발상이 톡톡 튀는 글로 만들어 오래서 직원들이 물에 빠진 사람 지푸라기라도 잡는 심정으로 날 찾아왔다. 나는 그들의 이야기를 충분히 듣고 나서 무협지 문안처럼 만들어주었다.

'배달문파는 옆의 지나문파나 야본문파와 같이 많은 수련생이나 비기를 갖고 있지 못했다. 그 두 문파의 틈새에 끼어 단군거사의 후예들은 어떻게든 문파를 지키려 애를 쓰며 수천 년을 살아왔다. 이런 배달문파에 어느 날 한 명의 초라한 수련생이 들어왔으니 그는 바로...'

기발한 내용이었다. 젊은이들이 읽고 재미있을 만한 내용이었다. 하지만 결재를 올리다가 그만 너무 가볍다며 이해하지 못하는 중간간부의 손에서 내 원고는 비토 되고 말았다. 직원이 전화를 걸어 왔다.

"선생님. 노력하신 거 탈락했습니다. 비용을 얼마 쳐 드릴까요?"

이런 일은 나도 처음이었다. 원고가 채택된 것도 아니고 떨어졌는데 돈을 받다니. 그렇다고 내가 쏟은 시간을 낭비할 순 없지 않은가?

"제가 계산해서 청구서를 보내 드리겠습니다."

근거가 있는 청구여야만 했다. 내가 그 글을 쓰는데 일주일의 시간이 걸렸기 때문에 일주일의 시간을 증명해야 했다. 방법은 간단했다. 세무서에 가서 내가 작년에 번 돈, 소득금액 확

인서를 출력했다. 그 근거 서류를 365일로 나누면 하루에 번 돈이 대략 나온다. 거기에 일하느라 들어간 일주일의 시간 7을 곱하면 된다.

"국가에서 인정한 금액을 작년에 이만큼 벌었으니 그것에서 일주일 치를 주시면 됩니다."

제법 많은 돈이었지만 군말 없이 그들은 나에게 고료를 보내 주었다. 기분도 좋았다. 비록 채택되지는 않았지만 내가 노력한 것만큼은 받았기 때문이다. 이처럼 타인의 노력을 인정하고 젊은이들에게 공정하게 대가를 지급하는 사회가 하루빨리 만들어져야 한다. 그래야 젊은이들이 더 열정을 가지고 일하게 되어 있다. 더 이상의 열정페이는 이 사회에서 없어져야 한다.

지금이었다면 나는 노교수님에게 이렇게 말했을 거다.

"교수님 죄송하지만 그런 일은 알바생을 구하십시오. 저는 제 공부를 해야 해서 곤란합니다."

지금 당장은 아니어도

내가 사무실로 쓰고 있는 장애인종합지원센터는 정부에서 운영하는 곳이다. 장애인 기업체들이 정부의 지원을 받아 사무실을 편리하고 저렴하게 사용할 수 있게 되어 있다.

물론 경쟁이 심하다. 이곳에 들어오고 싶어 하는 장애인 기업이 많기 때문이다. 여의도가 샛강 건너로 보이고 교통이 편리한 이곳에 나도 들어가서 사무실로 쓰고 싶었다. 사람들도 만나야 하고 조용히 글을 쓰거나 사색할 공간이 필요했기 때문이다.

문제는 이곳에 사업자만이 들어올 수 있는 것이었다. 한 마디로 회사를 가지고 있어야 한다. 문의해 보았더니 대답은 이

거였다.

"예비창업자도 지원이 가능합니다."

새롭게 사업을 시작할 사람도 이곳에 들어와서 준비할 수 있는 것이다. 작가에게 새로운 사업이라니 당황스러웠다. 나는 그저 글을 쓰고 그 글을 필요한 사람들에게 제공하는 일을 직업으로 갖고 있기 때문이다. 한마디로 프리랜서인데 어느 회사의 직원으로 들어가는 것도 아니고, 아예 회사를 만들어야 하는 것이 아닌가? 평생 자유롭게 생활하던 나로서는 쉽지 않은 결정이었다.

'사업자 등록을 해? 말아?'

하지만 장애인 기업을 지원해 주는 좋은 시설과 공간이 나에겐 꼭 필요했다. 결국, 나는 지원서를 넣었고, 8대 1의 경쟁을 뚫고 402호를 나의 공간으로 쓸 수 있게 되었다. 멋진 공간이었다. 조건은 6개월 내로 사업자 등록을 하라는 것이었다. 사업자 등록을 하기 위해서 미리 기반을 다지고, 내 공간을 다양한 예술가들이 드나들 수 있는 곳으로 꾸며 나갔다. 새로운 도전이 눈앞에 다가왔다.

그런데 6개월 뒤 코로나가 닥쳤다. 코로나가 닥친 상황에서 사업자 등록을 하라는 것은 죽으라는 것과 마찬가지였다. 나는 센터 측에 이야기했다.

"어려운 상황에 창업을 한다는 것은 쉬운 일이 아닙니다. 조금만 더 기다려 주십시오."

센터 측에서는 감사하게도 배려를 해 주었다. 다시 6개월을 연장해 준 것이다. 그러나 6개월이 지나도 코로나는 사라지지 않았고 마침내 나는 결단을 내려야만 했다. 이대로 사무실을 접고 나갈 것인가? 무리해서라도 어려운 상황에 도전을 할 것인가. 결론은 하나였다. 도전이었다.

"좋다! 도전해 보자!"

마감 시간이 되기 전에 나는 인터넷에 접속해서 몇 시간을 끙끙대며 사업자 등록을 마무리했다. 사업자등록증이 출력되어서 나오는 순간에도 내가 잘하고 있는 건가 궁금했다. 사업자등록증을 제출하고 나는 드디어 예비창업자가 아닌 창업자가 되어 사업을 할 수 있게 되었다. 나중에 알고 보니 창업이나 사업자 등록은 꼭 배 나온 사장님만 하는 건 아니었다.

부산지방중소벤처기업청 공고 제2021-11호

「2021년 동남권 비즈쿨 청소년 창업경진대회」 참가 학생 모집공고

창의적인 창업아이디어를 가진 부산·경남지역 청소년

들을 발굴하고, 청소년들의 기업가정신 함양과 창업 저변 확대를 위하여 「2021년 동남권 비즈쿨 청소년 창업 경진대회」 참가 학생 모집을 다음과 같이 공고하오니 많은 참여 바랍니다.

2021년 07월 29일

부산지방중소벤처기업청장
경남지방중소벤처기업청장
BNK부산은행장

전국의 지자체에서도 이렇게 청소년들의 창업을 권유하고 있다. 잘 찾아보면 이런 공고와 지원이 엄청나게 많다. 그뿐 아니라 이미 창업해서 자신의 꿈을 향해 차근차근 나아가는 청소년들도 다수다. 심지어 미국은 오바마 전 대통령이 창업을 권유할 정도다. 그들의 창의적 아이디어가 국가 발전에 이바지하기 때문이다.

한번은 텔레비전 예능 상담 프로그램에 세 개의 사업을 하는 19세 청소년 CEO가 등장했다. 17세에 창업 대회에 출전해 받은 상금 1억을 시작으로 곤충과 관련한 세 개의 기업을 운영한다는 걸 보고 나는 깜짝 놀랐다. 너무 열심히 일해서 출연 방송인이 효율이 높지 않으니 업무시간을 초과해 회사에 남아있지 말라며 지적하는 것을 보기까지 했다.

나도 이왕 사장님이 되었으니 사람들을 모아 문학교육을 하고, 프로그램을 진행하면서 활기차게 활동했다. 사업자가 되어 대표님이 된 만큼 큰일을 벌일 수 있을까 싶었다.

줌을 활용해 축제를 중계방송하기도 하고, 글쓰기 교실을 진행하면서 사업자등록증을 통해 부가가치세를 내는 세금 계산서를 요구하는 사람들이 생겨나기 시작했다. 한마디로 나는 회사를 만들어 세금을 내는 기업가가 된 것이다. 물론 직원도 없는 나 혼자만의 1인 기업이지만 완전히 새로운 경험이었다. 자랑스러웠다. 도전하지 않았더라면 그러한 사업자등록증을 갖지도 못하고, 국가에 세금을 내지 못했을 것이다. 가슴이 뿌듯하다.

이제 나는 사업자로서 국가에 보답할 수 있게 되었고, 작가로서만이 아니라 기업의 대표로서도 누군가에게 도움을 줄 수 있게 되었다. 이 세상에 쓸모없는 사람 쓸데없는 일은 없다. 만들어 놓으면 쓰게 되어 있으니까.

성공한 삶은 무엇일까?

자동차의 아버지라고 할 수 있는 미국의 포드는 그 비싸고 만들기 힘든 자동차를 컨베이어벨트 위에 얹어서 분업을 시킴으로써 싸고 빠르게 대량생산이 가능하도록 만들었다. 오늘날 우리가 자동차를 이용해 빠른 속도로 원하는 곳으로 손쉽게 이동할 수 있는 것은 반 이상 포드의 덕분이라고 해도 과언이 아니다. 그는 나중에 죽으면서 이렇게 말했다.

"진정한 성공이란 자신이 태어났을 때의 세상을 떠날 때 더 좋게 만들어 놓고 가는 것이다."

이런 사람을 우리는 위인, 영웅, 지도자, 선각자 등으로 부른다. 한 마디로 세상을 이끈 성공한 사람인 것이다.

77억 명의 세계 인구가 있다는데 이들이 모두 세상에 이로움을 준다면 아마 우리 지구는 상상도 할 수 없는 지상낙원이 될 것이다. 하지만 현실을 돌아보면 남에게 해를 끼치는 사람도 있고, 수없이 많은 사람을 죽이거나 마약을 퍼뜨리는 사람도 있으며 악한 생각을 전파하는 자들도 있다. 물론 반대로 선한 생각과 친절과 희생과 봉사를 생활화한 사람도 섞여 있으니 한 마디로 사람 사는 세상을 뭐라고 정의할 수는 없다.

하지만 가만 돌이켜보면 누군가에게 도움을 주고 베푸는 사람은 결코 나쁜 사람이 아니다. 이기적인 인간들은 그런 걸 하지 않기 때문이다. 대부분의 사람들이 하지 않으려기에 그런 행동은 더욱 고귀한 것인지도 모른다.

여러 차례 기회가 닿을 때마다 이야기했지만 나는 40대에 소명을 깨달았다. 인기가 급상승하면서 전국에 강연을 다니던 어느 날 이런 일을 하라고 내가 장애인이 되었음을 알게 된 것이다. 대개 사람들은 자기가 왜 이 땅에 왔는지 모른다. 살고 싶지 않다거나 무의미하다는 이야기는 바로 자신이 사는 의미를 못 찾았기 때문이다. 그런 사람에게 나는 말해 줄 수 있다. 우리는 세상을 좀 더 나은 곳으로 만들려고 이 세상에 왔다고.

간혹 내가 장애인을 위해 새로운 정책 아이디어를 내놓기도 하고, 인식 개선을 위해서 작품을 쓰거나 강연을 다니면 사람들이 묻곤 한다.

"선생님이 주장하시는 것들이 실행되려면 오래 걸릴 텐데요?"

"작가님이 그 혜택을 못 볼 텐데 왜 그렇게 열심히 하세요?"

바로 그것 때문이다. 내가 혜택을 보지 못하기 때문이다. 하지만 그 혜택을 보지 못해도 내 뒤에 오는 후배 장애인들은 그런 설움을 겪을 일이 없다.

내가 대학에 들어갈 때만 해도 장애인에 대한 혜택이 하나도 없었다. 아니, 오히려 불리했다. 웬만한 아이들은 20점 만점을 맞는 체력장 시험조차도 장애인들은 필기시험에 비례해서 받는다. 20점을 맞으려면 나머지 필기시험은 만점을 맞아야 한다. 전국 수석이라야 가능한 점수다. 이런 불평등과 차별이 어디 있단 말인가?

장애인들은 이런 불평등을 꾹꾹 눌러 참으면서 공부를 했고, 대학을 갔고 사회에 진출했다. 장애인이 대학을 다닌다는 건 낙타가 바늘구멍을 들어가는 것보다 더 힘든 일이었다. 하지만 나는 해냈다. 목발을 짚고 10년 이상을 대학과 대학원을 다니면서 언덕과 계단을 오르고 내렸다. 그 결과 팔꿈치와 어깨 관절이 지금은 다 망가졌지만.

이렇게 나와 내 동료 장애인들이 함께 노력했기에, 싸우고 투쟁했기에 지금은 장애인들이 마음껏 대학에 들어갈 수 있다. 장애인 특례입학을 허용한 것이다. 불리한 조건에서 공부하는 그들에게 이 사회가 특혜를 준 것이다. 물론 특혜를 준 것이 온전히 좋은 일이라고 볼 수는 없다. 비장애인과 경쟁해서 얼마든지 능력을 발휘할 수 있는 장애인들이 손쉽게 경쟁 없이 대학을 들어가는 수도 있기 때문이다. 그렇게 되면 경쟁을 통해 성장해야 하는 특급 인재는 더이상 나오기 어렵다. 안타까운 일이라 하겠다.

하지만 이제는 공부하려고 마음만 먹으면 얼마든지 원하는 대학에 들어갈 수 있게 되었다. 이는 모두 선배 장애인들과 다른 동료들이 싸워서 얻어낸 결과다.

장애인 주차장도 생겼고, 장애인을 위한 경사로와 엘리베이터도 만들어지고 장애인 이동권이 이해를 받게 되었다. 이것은 누구보다 앞서 고생하고 희생한 장애인 선배들이 후배를 위해 싸운 결과물이라 할 수 있다. 후배들이 어느 순간 편안하게 이러한 삶을 살 수 있다면 나는 그걸로 족하다.

다이내믹한 나의 삶

중학교 들어가니 학교 앞에 개천이 흐르고 있었다. 지금은 복개가 되어 넓은 도로가 되었지만, 그때는 개천 위로 여러 개의 다리가 가로질렀다. 대로는 차가 다녀도 될 정도로 튼튼한 콘크리트 다리였고, 중간중간에 주민들이 만들어 놓은 것 같은 폭이 1미터 정도밖에 되지 않는 나무로 만든 다리가 있었다.

그 아래로 흐르는 개천은 완전히 시궁창 냄새가 진동하는 오염된 곳이었다. 학교가 끝나고 친구들과 집에 돌아올 때면 그 다리들 가운데 하나를 골라 건너는데 나는 주로 큰 다리를 건넜다. 목발을 짚고 걷기에 안전한 곳을 택한 거다. 위험하게 폭 좁은 다리로 건널 수 없기 때문이다.

그런데 어느 날 한번은 갑자기 도전해 보고 싶었다. 다른 친구들은 마음껏 건너가는 나무로 된 폭이 좁은 다리에 도전해 보기로 한 거다. 도중에 떨어지면 어떻게 될까, 겁이 났다. 하지만 발밑만 보면서 초집중해서 목발을 놀렸다. 마침내 건너는 것에 성공했다. 지켜보던 친구들은 모두 박수를 보냈다. 지금도 그 좁은 나무다리 건넌 건 생생하게 기억난다.

그 친구들은 모두 성장해서 직장에 취직하고 결혼해서 애도 낳고 집도 사고 차도 샀다. 하지만 그들보다 나는 뒤처졌다. 장애를 갖고 있으니 아무래도 정상적인 과정을 따라가는 게 쉽지는 않았다. 그러나 나는 삶을 모험이라 여겼다. 즐기는 거라고 생각했다. 만일 그들의 길을 따르려 했다면 빨리 돈을 벌 방법을 찾았을 거다. 부모님에게 손을 벌려 가게를 차리거나 장애가 있음에도 할 수 있는 그룹 과외 교사가 된다든가 해서 돈을 벌었을지도 모른다. 어쩌면 그게 더 안전한 길이었으리라.

그러나 나는 성공 가능성이 희박한 문학에 무모한 도전을 했다. 실패하면 백수건달로 끝난다는 위험부담을 감수했다. 다행히도 그 결과 작가가 되었고, 지금까지 작품 활동을 하고 있다. 감사한 일이다.

가끔 출판사 사람들이 나에게 찾아와서 기획안이 없느냐고 물어본다. 그러면 나는 그들에게 새로운 제안을 많이 한다. 위인전을 낸다면 처음부터 똑똑하고 재능이 있었던 사람이 아니라 뒤늦게 재능을 발휘한 늦깎이 위인전을 내면 어떠냐? 이런 식으로 발상을 뒤집는 제안을 한다. 시장과는 전혀 다른 도전이다. 이를 받아들인 출판사는 성공을 이룰 수 있다. 나의 베스트셀러들도 다 그렇게 만들어진 것이다.

물론 실패한 도전도 많이 있다. 내가 330권 넘게 많은 책을 냈지만 모든 책이 다 살아서 사랑을 받는 건 아니다. 그중 일부만 많은 사랑을 받고 있을 뿐이다. 나머지는 다 잊히고 말았다.

도전은 이렇게 실패가 더 많은 법이다. 하지만 도전하는 자들을 존중해야 한다. 그들은 위험과 실패 시에 겪을 손해를 감수하고 도전했기 때문이다.

실패보다 도전하는 행위 그 자체가 주는 스릴과 모험이 우리 삶을 역동적인 것으로 만들고 가슴 뛰게 한다. 그래서 나는 지금도 매일 도전하는 마음으로 하루를 연다.